인생에 한 번은 읽어야 할

법구경

KB192798

인생에 한 번은 읽어야 할

법구경

法句經

법구 엮음 ― 최상용 옮김

몸과 마음을 위한 진리의 말씀

법구경法句經
완역본

일상이상

진리의 말씀
『법구경』을 읽기 위해

불교에는 다양한 경전이 전해 오고 있습니다. 그 가운데서도 『법구경(法句經)』은 부처님이 생전에 남긴 말씀을 423개의 시로 엮어 만든 경전입니다. 이 경전은 부처님 사후 3백여 년이 지나 인도의 다르마트라타(산스크리트어: Dharmatrata, 법구法救)가 편찬한 것인데, 오늘날에도 전 세계에서 가장 많이 읽는 불경입니다.

이 경전은 여러 판본이 전해 오는데, 현재 서점가에서 판매 중인 대부분의 책들은 전체가 아닌 일부 내용을 우리말로 옮긴 것입니다. 이에 아쉬움을 느낀 필자는 제1장 무상품(無常品)부터 제39장 길상품(吉祥品)에 이르기까지 총 39품 756게송의 모든 내용을 우리말로 옮겼습니다. 이 책은 대체적으로 4언 4행이 주를 이루는 형식이지만, 간혹 4언 6행과 5언 4행과 5언 6행도 뒤섞여 있습니다. 그러나 부처님의 말씀을 이해하는 데 문제가 되지는 않을 것 같습니다.

『법구경』은 불교의 수행자는 물론 재가불자(在家佛者, 출가를 하지 않고 세속에서 사는 불제자)뿐만 아니라 일반인들도 평소 지녀야 할 덕목에 대한 경구로 이루어져 있습니다. 진리의 말씀이 담긴 이 경전은 오늘을 사는 현대인들도 귀담아들어야 할 내용들로 이루어졌답니다. 탐욕이나 폭력·방탕·음욕·분노·도둑질·악행 등을 멀리하고 선행과 보시 등을 통해 복과 덕을 쌓고 깨달음을 얻으라는 부처님의 간절한 진언과 함께 소망이 담겨 있습니다.

내용을 들여다보면 간단하고 평범한 게송(偈頌)의 형식이지만 전하는 내용은 오늘날 어느 법전보다도 철학적이면서도 지혜로운 내용이 함축되어 있습니다. 한마디로 부처님 말씀의 정수(精髓)가 녹아 흐르고 있답니다. 몇 구절을 먼저 살펴보겠습니다.

무상품 1-8 인생사 헤어짐과 죽음은 필연이라

영원할 것 같은 것들도 모두 끝이 있고, 한때 높은 자리에 있을지라도 언젠가는 내려와야 합니다. 함께 모여 있을지라도 헤어짐이 있고, 살아 있는 모든 것들도 죽음이 있게 됩니다.

常者皆盡(상자개진), 高者亦墮(고자역타), 合會有離(합회유리), 生者有死(생자유사).

애신품 20-8 악을 행하면 악을 얻으니 괴로움의 씨앗을 심는 것과 같다

진리를 깨달은 사람에게 가르침을 얻듯이 올바른 도리를 스스로 본받아야 합니다. 어리석은 이는 이를 싫어하니 이를 보고서도 악행을 일삼습니다. 악을 행하면 악을 얻으니 괴로움의 씨앗을 심는 것과 같습니다.

如眞人教(여진인교), 以道法身(이도법신), 愚者疾之(우자질지), 見而爲惡(견이위악), 行惡得惡(행악득악), 如種苦種(여종고종).

애욕품 32-11 지혜는 애욕으로 맺힌 갈등의 근원을 끊어낼 수 있다

온갖 생각은 널리 흘러 퍼지고, 애욕으로 맺힌 번뇌는 칡과 등나무가 얽히듯 갈등의 원인이 됩니다. 오직 지혜만이 이를 분별하여 알아차리니 갈등의 근원을 끊어낼 수 있답니다.

一切意流衍(일절의류연), 愛結如葛藤(애결여갈등), 唯慧分別見(유혜분별견), 能斷意根原(능단의근원).

이처럼 우리네 가슴속에 담아야 할 부처님의 말씀들이 곳곳에 스며들어 있습니다. 이러한 부처님의 가르침은 저와도 오랜 인연을 맺고 있습니다. 청소년 시절 고등학교에 입학하면서 새로운 벗들과 당시 유행했던 '사인(sign)'을 만들기로 했었죠. 저는 그 당시 집에서 아우들과 붓글씨로 자주 '불심(佛心)'을 쓰곤 했었답니다. 그래서 자연스럽게 '佛心'을 남들이 쉬 알아볼 수 없도록 횡으로 휘둘러 쓴 것이 50여 년이 지난 지금도 저의 암호명이자 사인이 되었습니다. 예나 지금이나 서명을 할 때마다 '佛心'을 염두하며 '부처님의 자비로운 마음! 마음을 깨닫자'를 화두로 삼고 있답니다.

『법구경』을 보다 쉽게 읽을 수 있도록 앞서 출간한 '옛글의 향기' 시리즈인 『노자도덕경하상공장구(老子道德經河上公章句)』, 『장자(莊子)-내편(內篇)·외편(外篇)·잡편(雜篇)』, 사서(四書)인 『대학(大學)·중용(中庸)』, 『논어(論語)』, 『맹자(孟子)』와 삼경(三經)인 『시경(詩經)』, 『서경(書經)』, 『역경(易經=周易)』 등과 마찬가지로 쉬운 우리말로 원전을 완역하였기에, 번역문만 읽어도 그 의미를 쉽게 이해할 수 있습니다. 이 책 역시 각주나 해설 등을 과감히 생략했습니다. 각주와 해설을 읽느라 정작 중요한 원전의 핵심 내용을 놓칠 수도 있기 때문이랍니다. 원전을 그대로 읽고자 하는 독자를 위해 한자 원문을 함께 표기했고, 한자 원문을 소리 내어 읽는 음독(音讀)을 선호하는 독자를 위해 한자 원문 옆에 한글 표기를 병행했습니다.

『법구경』을 곁에 두고서 부처님의 생생한 말씀을 가슴속에 녹여낸다면 하루하루의 삶이 곧 고해(苦海)를 건너 피안(彼岸: 사바세계 저쪽에 있는 깨달음의 세계)으로 다가가는 길이 될 것이라 생각됩니다.

2025년 1월

휴심재(休心齋)에서 죽곡(竹谷) 최상용(崔桑溶)

제1장 무상품(無常品)

영원한 것은 없고 오직 올바른 도만이 참된 것

무상품에서는, 어둡고 어지러운 욕심에서 깨어나도 영화와 목숨은 보존하기 어려우니 오직 올바른 도만이 참된 것이라고 말씀하시고 있습니다.

無常品者(무상품자), 寤欲昏亂(오욕혼란), 榮命難保(영명난보), 唯道是眞(유도시진).

무상품 1-1 부처님 말씀을 잘 갖추어 기록하라

잠에서 깨어나면 기뻐하며 생각하십시오. 내(법구)가 하는 말을 잘 듣고서 부처님 말씀을 잘 기록하여야 합니다.

睡眠解寤(수면해오), 宜歡喜思(의환희사), 聽我所說(청아소설), 撰記佛言(찬기불언).

무상품 1-2 태어나면 죽거늘 이 멸망도 즐거움으로 여겨야

세상 모든 존재는 영원하지 않으니 흥성하고 쇠퇴하는 법입니다. 대개 태어나면 언젠가는 죽거늘 이 멸망을 즐거움으로 여겨야 합니다.

所行非常(소행비상), 謂興衰法(위흥쇠법), 夫生輒死(부생첩사), 此滅爲樂(차멸위낙).

무상품 1-3 질그릇도 언젠간 깨어지듯 우리네 목숨도 그러하다

비유하자면 옹기장이가 찰흙을 이겨 질그릇을 만들더라도 언젠가는 깨어지듯이, 우리네 목숨 또한 그러하답니다.

譬如陶家(비여도가), 埏埴作器(연식작기), 一切要壞(일체요괴), 人命亦然(인명역연).

무상품 1-4 흘러간 강물이 되돌아오지 못하듯

강물이 급히 흘러가면 되돌아오지 못하듯이, 사람의 목숨도 이와 같아서 저승으로 떠나가면 되돌아오지 못한답니다.

如河駛流(여하사류), 往而不返(왕이불반), 人命如是(인명여시), 逝者不還(서자불환).

무상품 1-5 우리네 목숨 또한 언젠가는 죽어야

비유하자면 사람이 채찍을 붙들고서 언젠가는 잡아먹을 소를 기르는 것처럼, 늙음과 죽음도 그러하거늘 우리네 운명 또한 언젠가는 죽어야 합니다.

譬人操杖(비인조장), 行牧食牛(행목식우), 老死猶然(노사유연), 亦養命去(역양명거).

무상품 1-6 쌓아놓은 재산도 언젠가는 없어진다

천 명이나 백 명 중 한 사람이 아니라 모든 집안의 남녀들이 재산을 모아 쌓아놓더라도, 없어지지 않을 수는 없답니다.

千百非一(천백비일), 族姓男女(족성남녀), 貯聚財産(저취재산), 無不衰喪(무불쇠상).

무상품 1-7 한때의 영화로움도 눈 녹듯 사라진다

살아 있는 모든 것은 밤낮으로 목숨을 스스로 치고 깎나니 목숨이 차츰 줄어들어 다하게 됩니다. 이는 마치 함박눈이 녹아서 물이 되는 것과 같답니다.

生者日夜(생자일야), 命自攻削(명자공삭), 壽之消盡(수지소진), 如榮霏水(여영비수).

무상품 1-8 인생사 헤어짐과 죽음은 필연

영원할 것 같은 것들도 모두 끝이 있고, 한때 높은 자리에 있을지라도 언젠가는 내려와야 합니다. 함께 모여 있을지라도 헤어짐이 있고, 살아 있는 모든 것들도 죽음이 있게 됩니다.

常者皆盡(상자개진), 高者亦墮(고자역타), 合會有離(합회유리), 生者有死(생자유사).

무상품 1-9 복록이나 재앙은 모두가 자기 탓

살아 있는 모든 중생은 서로 다투면서 각자의 생명력을 잃게 됩니다. 각자의 행위에 따라 머무는 곳에서 스스로 재앙을 받기도

하고 복록을 받기도 한답니다.

　衆生相剋(중생상극), 以喪其命(이상기명), 隨行所墮(수행소타), 自受殃福(자수앙복).

무상품 1-10 가정에만 얽매이면 욕심이 끊이지 않아

　늙으면 몸이나 마음이 괴롭고 아프며 결국 죽게 되면 의지마저 사라진답니다. 가정의 즐거움에만 옥살이처럼 얽매인다면 세상에 대한 욕심이 끊이지 않는답니다.

　老見苦痛(노견고통), 死則意去(사즉의거), 樂家縛獄(낙가박옥), 貪世不斷(탐세부단).

무상품 1-11 늙으면 깔개처럼 짓밟히게 되니

　우리는 눈 깜짝할 사이에 늙고 혈색 또한 변하여 늙은이가 되어 버립니다. 혈기왕성한 젊은 시절에야 자기 의지대로 성과를 이루지만 늙으면 깔개처럼 짓밟히게 된답니다.

　咄嗟老至(돌차로지), 色變作耄(색변작모), 少時如意(소시여의), 老見蹈藉(노견도자).

무상품 1-12 늙으면 온갖 질병만 주렁주렁

　비록 백 년을 살더라도 죽어버리면 이미 지나가버린 세상일 뿐이랍니다. 늙게 되면 사람들이 싫어하게 되고 온갖 질병들이 가지가지 주렁주렁 열리게 됩니다.

　雖壽百歲(수수백세), 亦死過去(역사과거), 爲老所厭(위로소염), 病條至

際(병조지제).

무상품 1-13 이 좁은 세상에서 무슨 복락이 있겠는가?

오늘 하루가 이미 지나갔으니 우리 생명력도 곧 줄어든답니다. 마치 작은 웅덩이에 사는 물고기와도 같은 처지인데, 이와 같은 곳에서 무슨 즐거움이 있겠습니까?

是日已過(시일이과), 命則隨減(명즉수감), 如少水魚(여소수어), 斯有何樂(사유하락)?

무상품 1-14 목숨이 다하는 것은 대자연의 이치

나이 들어 늙으면 혈색이 쇠락하고 질병에 걸려 저절로 신체는 무너진답니다. 우리의 형체는 자연히 썩어 문드러질 것이니 목숨이 다하는 것은 대자연의 이치랍니다.

老則色衰(노즉색쇠), 所病自壞(소병자괴), 形敗腐朽(형패부후), 命終自然(명종자연).

무상품 1-15 늙음과 죽음에 대한 근심걱정이 문제

이 몸을 어디에 쓰겠습니까? 언제든 더러운 냄새가 새어 나오는 곳이거늘. 병들어 곤경에 빠지는 것은 늙음과 죽음에 대한 근심걱정이 있기 때문이랍니다.

是身何用(시신하용)? 恒漏臭處(항루취처), 爲病所困(위병소곤), 有老死患(유로사환).

무상품 1-16 목숨과 명줄이 덧없을 뿐

그저 즐기면서도 욕심만 내고 스스로 방자해지면 법도가 아닌 것들만 늘어날 뿐이랍니다. 세상이 변화하고 있음을 보고 듣시도 못한답니다. 우리네 목숨과 명줄은 영원하지 않고 덧없을 뿐이랍니다.

嗜欲自恣(기욕자자), 非法是增(비법시증), 不見聞變(불견문변), 壽命無常(수명무상).

무상품 1-17 죽음 앞에선 의지할 곳이 없다

자식이 있어도 믿지 말 것이며 부모 형제 또한 믿어서도 안 됩니다. 죽음이 뒤쫓아 오게 되면 믿고 의지할 만한 가까운 사람이 없답니다.

非有子恃(비유자시), 亦非父兄(역비부형), 爲死所迫(위사소박), 無親可怙(무친가호).

무상품 1-18 네 가지 폐단의 악습

밤낮으로 교만하며 게으르고, 늙어서까지 음란한 짓을 멈추지 않으며, 재산이 넉넉하면서도 베풀지도 않고, 부처님 말씀도 받아들이지 않는 것, 이러한 네 가지 폐단이 있게 되면 스스로를 속이게 된답니다.

晝夜慢惰(주야만타), 老不止婬(노부지음), 有財不施(유재불시), 不受佛言(불수불언). 有此四弊(유차사폐), 爲自侵欺(위자침기).

무상품 1-19 우주 모든 곳이 죽음의 장소

저 먼 허공도 소용없고 바닷속도 소용없고 산속에 들어가거나 바위틈에 숨는 것도 소용없습니다. 이 땅 어느 곳을 벗어난들 죽음을 피할 곳은 없답니다.

非空非海中(비공비해중), 非入山石間(비입산석간), 無有地方所(무유지방소), 脫之不受死(탈지불수사).

무상품 1-20 늙고 죽어가는 것을 걱정하게 된다

해야 할 일은 내가 할 일이며, 이 일은 내가 성취해야 합니다. 사람들은 이렇게 떠들어대면서 늙어서 죽을 것을 걱정합니다.

是務是吾作(시무시오작), 當作令致是(당작령치시), 人爲此躁擾(인위차조요), 履踐老死憂(이천로사우).

무상품 1-21 스스로 맑아질 수 있으면 삶의 여정도 깨닫게 된다

이러한 것을 알아서 스스로 맑아질 수 있으면 삶이 다해 가는 여정도 깨닫게 된답니다. 수행자인 비구들이 마구니들의 군사들을 억누른다면 삶과 죽음을 초월하게 된답니다.

知此能自淨(지차능자정), 如是見生盡(여시견생진), 比丘厭魔兵(비구염마병), 從生死得度(종생사득도).

제2장 교학품(教學品)

수행할 바를 가르쳐 밝음을 배우고 깨닫게 함

교학품에서는, 수행할 바를 인도하여 자신의 어리석고 어두움을 떨쳐내 올바르고 밝은 도를 보고 깨닫게 하고자 합니다.

教學品者(교학품자), 導以所行(도이소행), 釋己愚闇(석기우암), 得見道明(득견도명).

교학품 2-1 자신을 위한 계책이랍시고 미혹에 빠져드는구나!

괴이하구나. 어찌하여 잠만 잔단 말인가! 나나니벌·소라·벌·좀과 같은 부류들마저 깨끗하지 못하여 몸을 덮어 숨기는데, 사람들은 자신을 위한 계책이랍시고 마음마저 흐려져 미혹에 빠져드는구나.

咄哉何爲寐(돌재하위매), 蠓螺蜂蠹類(옹라봉두류), 隱弊以不淨(은폐이부정), 迷惑計爲身(미혹계위신).

교학품 2-2 수마(睡魔)인 잠 속으로 빠져드는구나!

어찌하여 찍히고 상처 입는단 말인가! 마음이 질병에 걸린 것처럼 고통스럽고 온갖 액운과 고난을 맞았을 텐데도, 도리어 수마(睡魔)인 잠 속으로 빠져드는구나!

焉有被斫創(언유피작창), 心如嬰疾痛(심여영질통), 遘于衆厄難(구우중액난), 而反爲用眠(이반위용면).

교학품 2-3 어진 사람의 발자취를 따르면

사색에 잠기되 방탕과 안일함에 빠지지 않고서 어진 사람이 되기 위해 어진 발자취를 따르면 근심걱정은 사라지게 된답니다. 항상 염두에 두기를, 스스로 안일한 자의식을 없애야 합니다.

思而不放逸(사이불방일), 爲仁學仁迹(위인학인적), 從是無有憂(종시무유우), 常念自滅意(상념자멸의).

교학품 2-4 복덕은 천 배가 되고, 나쁜 길로 빠지지 않게 되니

바르게 보고(正見) 배움에 더욱 힘쓰게 되면 이것이 바로 세상의 밝음을 위한 것이 됩니다. 이렇게 하여 생긴 복덕은 천 배가 되고 끝내는 나쁜 길로 빠지지도 않게 된답니다.

正見學務增(정견학무증), 是爲世間明(시위세간명), 所生福千倍(소생복천배), 終不墮惡道(종불타악도).

교학품 2-5 작은 도와 방탕한 습관을 버려야

바르지 않은 소도는 배우지 말아야 하는데, 그릇된 견해를 믿게 되기 때문입니다. 방탕한 생활이 습관이 되어서는 안 되는데, 탐욕이 더해지기 때문이랍니다.

莫學小道(막학소도), 以信邪見(이신사견), 莫習放蕩(막습방탕), 令增欲意(영증욕의).

교학품 2-6 부처님 법을 닦고 실행해야

바람직하게 정법을 닦아 행하면서 배우고 외우는 것을 어기지 말아야 합니다. 정도를 실행하면 걱정이 사라지고 자자손손 안락하게 살아갈 수 있답니다.

善修法行(선수법행), 學誦莫犯(학송막범), 行道無憂(행도무우), 世世常安(세세상안).

교학품 2-7 불사의 도와 악행을 소멸시켜야

슬기롭게 배우고 몸을 잘 단속하면서 늘 생각과 언행을 삼가면, 이로 인해 죽지 않는 불사의 도에 이르러 악행을 소멸시키고 편안함을 얻게 됩니다.

慇學攝身(민학섭신), 常慎思言(상신사언), 是到不死(시도불사), 行滅得安(행멸득안).

교학품 2-8 힘써야 할 것이 아니라면 배우지도 말고

힘써야 할 것이 아니라면 배우지도 말고 힘써야 할 것을 마땅히 실행해야 합니다. 이미 생각해야 할 것을 알게 되면 번뇌가 사라집니다.

非務勿學(비무물학), 是務宜行(시무의행), 已知可念(이지가념), 則漏得
滅(즉루득멸).

교학품 2-9 이로움을 알고서 실행하는 것

정법을 보고서 몸을 이롭게 하면 대체로 좋은 방법에 이르게 됩
니다. 이로움을 알고서 굳건한 마음으로 실행하게 되는 것을 일러
어질고 사리에 밝은 현명이라 한답니다.

見法利身(견법리신), 夫到善方(부도선방), 知利健行(지리건행), 是謂賢
明(시위현명).

교학품 2-10 완고해지면 일으킬 수 없다

정법의 의로움을 깨달으려고 마음을 일으킨 사람이 더 이상 배
우려 하지 않으면 완고해지고, 모든 것이 소멸한다는 사실에 집착
한 나머지 스스로 방자해지면 마음을 일으키지 못하게 된답니다.

起覺義者(기각의자), 學滅以固(학멸이고), 著滅自恣(착멸자자), 損而不
興(손이불흥).

교학품 2-11 중도를 체득하여 실행에 옮겨야

이와 같은 길로 향하되 굳세게 나아가고, 이것을 공부하여 중도
를 얻으면, 이를 좇아 이치를 알게 되리니, 마땅히 잘 기억하여 행
해야 합니다.

是向以強(시향이강), 是學得中(시학득중), 從是解義(종시해의), 宜憶念
行(의억념행).

교학품 2-12 최상의 도인은 어떠한 사람인가?

배움에 앞서 어머니와 세속적인 인연을 끊고 임금(마음)이라면 두 신하(是非)반을 거느리고 여러 경영하는 일이나 따르는 무리마저 없애버리는 사람, 이런 사람을 최상의 도인이라 합니다.

學先斷母(학선단모), 率君二臣(솔군이신), 廢諸營從(폐제영종), 是上道人(시상도인).

교학품 2-13 홀로 갈지라도 어리석은 이와는 어울리지 말아야

배움의 길에 같은 부류의 벗이 없어 좋은 친구를 얻지 못한다면, 차라리 홀로 선행을 고수하되 어리석은 사람들과는 어울리지 말아야 합니다.

學無朋類(학무붕류), 不得善友(부득선우), 寧獨守善(영독수선), 不與愚偕(불여우해).

교학품 2-14 빈 들판의 코끼리처럼 홀로 가라

계율을 즐기고 수행을 배우는 데 있어 어찌 동반자가 필요하겠습니까? 홀로 선을 행하여 근심걱정이 사라진다면, 마치 빈 들판의 코끼리처럼 평화로워진답니다.

樂戒學行(낙계학행), 奚用伴爲(해용반위)? 獨善無憂(독선무우), 如空野象(여공야상).

교학품 2-15 계율과 경청은 둘 다 실행해야

계율과 경청은 둘 다 좋지만 둘 중 어느 것이 현명하겠습니까?

계율을 지키는 것은 듣는 것이라고들 하니, 마땅히 살피고 배우면서 실행해야 한답니다.

戒聞俱善(계문구선), 二者孰賢(이자숙현), 方戒稱聞(방계칭문), 宜諦學行(의체학행).

교학품 2-16 계율을 지키면서 베풀되 받지는 말라

배움에 앞서 계율을 잘 지켜서 열고 닫기를 반드시 단단히 해야 합니다. 베풀기는 하되 받지는 말며, 힘써 행하되 드러눕지는 말아야 합니다.

學先護戒(학선호계), 開閉必固(개폐필고), 施而無受(시이무수), 仂行勿臥(역행물와).

교학품 2-17 하루를 살아도 정진하여 정법을 이어받아야

만약 사람이 백 년을 산다 해도 사악함을 배워 그 뜻이 옳지 못하다면, 이는 곧 하루를 살아도 정진하여 정법을 이어받는 것만 못하답니다.

若人壽百歲(약인수백세), 邪學志不善(사학지불선), 不如生一日(불여생일일), 精進受正法(정진수정법).

교학품 2-18 다른 방술을 익히는 것보다 계율을 지켜야

만약 사람이 백 년을 산다 해도 화를 숭배하는 방술을 익힌다면, 잠깐이라도 계율을 섬기는 사람이 복덕을 말하는 것만도 못하답니다.

若人壽百歲(약인수백세), 奉火修異術(봉화수이술), 不如須臾頃(불여수유경), 事戒者福稱(사계자복칭).

교학품 2-19 진실되지 않으면 물리치고 버려야

할 수 있는 것은 할 수 있다 말하되 할 수 없는 것은 빈말이라도 말하지 말아야 합니다. 허황되고 거짓되어 진실되지 않으면 지혜로운 사람은 물리치고 버린답니다.

能行說之可(능행설지가), 不能勿空語(불능물공어), 虛僞無誠信(허위무성신), 智者所屛棄(지자소병기).

교학품 2-20 지혜로우면 미혹되지 않아

배우려 한다면 마땅히 먼저 깨달음을 구해야 하고 주의 깊게 살펴서 옳고 그름을 분별해야 합니다. 진리를 얻으면 응당 저 무지한 이들을 가르칠 수 있는데, 지혜로우면 다시는 미혹되지 않기 때문입니다.

學當先求解(학당선구해), 觀察別是非(관찰별시비), 受諦應誨彼(수체응회피), 慧然不復惑(혜연불복혹).

교학품 2-21 마음이 흐려지면 진리를 알아보지 못하니

머리를 풀어 헤치고 사악한 도술을 배우면 비록 세속을 떠나 있어도 마음이 욕심으로 흐릿해집니다. 어둡고 어두워져 진리를 알아보지 못하니, 마치 귀머거리가 오음계의 음악을 듣는 것과 같답니다.

被髮學邪道(피발학사도), 草衣內貪濁(초의내탐탁), 曚曚不識眞(몽몽불식진), 如聾聽五音(여롱청오음).

교학품 2-22 탐·진·치의 삼악을 버려야

배워서 세 가지 악(탐진치貪瞋痴: 욕심·성냄·어리석음)을 버리면 좋은 약으로써 온갖 독소를 없애는 것과 같습니다. 건장한 사내가 생사를 건너는 것은 마치 뱀이 오래된 허물을 벗는 것과 같답니다.

學能捨三惡(학능사삼악), 以藥消衆毒(이약소중독), 健夫度生死(건부도생사), 如蛇脫故皮(여사탈고피).

교학품 2-23 이승과 저승에서 원하는 바를 이루려면

배우고 많이 듣고서 계율을 지켜 잃지 않으면, 이승과 저승 두 세상에서 칭송받고 원하는 바를 이루게 된답니다.

學而多聞(학이다문), 持戒不失(지계불실), 兩世見譽(양세견예), 所願者得(소원자득).

교학품 2-24 배우고도 들은 것이 적고 계율을 완전하게 지키지 못하면

배우고도 들은 것이 적고 계율을 완전하게 지키지 못하면, 이승과 저승 두 세상에서 고통받고 자기의 본원도 잃게 된답니다.

學而寡聞(학이과문), 持戒不完(지계불완), 兩世受痛(양세수통), 喪其本願(상기본원).

교학품 2-25 배움의 두 가지 길

대체로 배움에는 두 가지 길이 있으니, 항상 가까이에서 많이 듣는 것이 하나고, 다른 하나는 이치를 깨닫아 거기에 안주하지 않고 아무리 힘들어도 삿되지 않는 것입니다.

夫學有二(부학유이), 常親多聞(상친다문), 安諦解義(안체해의), 雖困不邪(수곤불사).

교학품 2-26 지나친 욕심은 배움을 방해한다

피가 벼의 생육을 방해하듯이 지나친 욕심은 배움을 방해합니다. 그러니 온갖 악을 김매듯이 없애주면 벼의 수확량은 반드시 늘어난답니다.

稊稗害禾(제패해화), 多欲妨學(다욕방학), 耘除衆惡(운제중악), 成收必多(성수필다).

교학품 2-27 대화는 사려 깊고도 다정다감하게 해야

심사숙고하고 말하며 말의 어조는 억세고 거세지 않아야 합니다. 정법을 설명하고 도리를 풀어 밝히려면 말하고 나서 어기지 말아야 합니다.

慮而後言(여이후언), 辭不強梁(사불강량), 法說義說(법설의설), 言而莫違(언이막위).

교학품 2-28 미묘한 것을 보고 알아채는 사람은 미리 경계한다

올바르게 배워서 어긋남이 없고 정법을 두려워하면서 피해야 할 것도 현명하게 알아차려야 합니다. 그러니 미묘한 것을 보고 알아채는 사람은 미리 경계하여 훗날의 걱정거리를 없앤답니다.

善學無犯(선학무범), 畏法曉忌(외법효기), 見微知者(견미지자), 誠無後患(계무후환).

교학품 2-29 몸이 다할 때까지 자신을 잘 다스려야

죄와 복록을 저 멀리 버리고 부처님의 불도를 수행해야 합니다. 그리고 몸이 다할 때까지 자신을 잘 다스리는 것, 이를 가리켜 잘 배운다고 하는 겁니다.

遠捨罪福(원사죄복), 務成梵行(무성범행), 終身自攝(종신자섭), 是名善學(시명선학).

제3장 다문품(多聞品)

많이 듣고 배워 도를 이루어 깨달음에 이르게 함

다문품에서는, 많이 듣고 배우기를 권하니, 듣는 것이 쌓이다 보면 성스러운 도를 이루어 스스로 올바르게 깨닫게 됩니다.

多聞品者(다문품자), 亦勸聞學(역권문학), 積聞成聖(적문성성), 自致正覺(자치정각).

다문품 3-1 계율과 지혜를 이루는 법

많이 듣고 배워 견고하게 지킬 수 있다면 정법을 받들어 울타리와 담장으로 삼으십시오. 허물기 어렵도록 열심히 정진하면 이에 따라 계율을 지혜롭게 받아들인답니다.

多聞能持固(다문능지고), 奉法爲垣牆(봉법위원장), 精進難踰毁(정진난유훼), 從是戒慧成(종시계혜성).

다문품 3-2 많이 듣고 배우면 의지가 밝아지고

많이 듣고 배우면 의지가 밝아지고, 이미 밝아졌다면 지혜는 더욱 늘어납니다. 지혜로우면 이치를 널리 풀어낼 수 있으며, 그 이치를 깨달으면 정법을 수행하기가 훨씬 수월하답니다.

多聞令志明(다문령지명), 已明智慧增(이명지혜증), 智則博解義(지즉박해의), 見義行法安(견의행법안).

다문품 3-3 많이 듣고 배우면 열반에 이를 수 있다

많이 듣고 배우면 근심을 없앨 수 있고 고요한 선정(禪定)에 드는 기쁨을 맛볼 수 있습니다. 또한 부처님의 공덕을 맛볼 수 있는 감로법을 듣고 스스로 열반(涅槃: 모든 번뇌의 얽매임에서 벗어나고, 진리를 깨달아 불생불멸의 법을 체득한 경지)에 이를 수 있답니다.

多聞能除憂(다문능제우), 能以定爲歡(능이정위환), 善說甘露法(선설감로법), 自致得泥洹(자치득니원).

다문품 3-4 정법과 계율을 올바르게 들으면 죽지 않는 곳에 이른다

올바르게 들으면 정법과 계율을 알기 때문에 의문을 풀고 올바르게 보게 됩니다. 또한 올바르게 들어서 정법이 아닌 것을 버리게 되면 죽지 않는 곳에 이르게 된답니다.

聞爲知法律(문위지법률), 解疑亦見正(해의역견정), 從聞捨非法(종문사비법), 行到不死處(행도불사처).

다문품 3-5 정도로 의혹을 풀어내 법장을 지켜 받들 수 있다

훌륭한 스승이 되어 도를 깨달으려면 의문을 풀고 가르침을 밝게 해야 합니다. 또한 맑고 깨끗한 본성을 일으키면 법장(法藏: 온갖 법의 진리를 갈무리하고 있다는 뜻으로 '불경'을 달리 이르는 말)을 지켜 받들 수도 있답니다.

爲能師現道(위능사현도), 解疑令學明(해의령학명), 亦興淸淨本(역흥청정본), 能奉持法藏(능봉지법장).

다문품 3-6 정법을 받들고 그 법에 따르면

모든 것을 거두어 이치를 알고 이치를 알면 실수가 없습니다. 정법을 받들고 그 법에 따르면 빠르게 편안함을 얻을 수 있습니다.

能攝爲解義(능섭위해의), 解則義不穿(해즉의불천), 受法猗法者(수법의법자), 從是疾得安(종시질득안).

다문품 3-7 교만은 장님이 등불을 든 것과 같아

만약 듣고 배운 것이 조금 있다고 자신이 대인인 양 남에게 교만을 떨면, 이는 마치 장님이 등불을 든 것과 같아서 남들은 밝힐 수 있어도 정작 자신은 밝히지 못한답니다.

若多少有聞(약다소유문), 自大以憍人(자대이교인), 是如盲執燭(시여맹집촉), 炤彼不自明(소피부자명).

다문품 3-8 듣고 배우고 깨닫는 것을 우선해야

대체로 사람들은 벼슬과 지위와 재물을 갈구하여 존귀하신 하늘이 내리시는 복까지도 누리려 합니다. 그러나 알량한 지혜로 세상 사람들에게 포악한 짓을 일삼지 말고, 듣고 배우고 깨닫는 것을 우선해야 합니다.

夫求爵位財(부구작위재), 尊貴升天福(존귀승천복), 辯慧世間悍(변혜세간한), 斯聞爲第一(사문위제일).

다문품 3-9 듣는 것이 첫째의 공덕이다

천하의 제왕도 예를 갖추어 듣고 하늘의 천제 또한 그리한답니다. 듣고 배우는 것을 제일가는 공덕으로 삼는다면 가장 풍요로워질 뿐만 아니라 강해질 겁니다.

帝王聘禮聞(제왕빙례문), 天上天亦然(천상천역연), 聞爲第一藏(문위제일장), 最富旅力强(최부려력강).

다문품 3-10 제석과 범천도 듣고 배우기를 우선했으니

지혜로운 사람은 듣고 배우기 위해 자신을 낮추고, 도리를 아는 사람은 이를 즐긴답니다. 왕일지라도 자신을 낮추는데, 부처의 수호신인 제석과 범천도 그리한답니다.

智者爲聞屈(지자위문굴), 好道者亦樂(호도자역낙), 王者盡心事(왕자진심사), 雖釋梵亦然(수석범역연).

다문품 3-11 지혜로운 사람은 듣고 배우는 것을 귀하게 여긴다

도를 닦는 선인들도 늘 듣고 배우는데, 하물며 존귀하고 큰 부자는 어떻겠습니까? 이 때문에 지혜로운 사람은 듣고 배우는 것을 귀하게 여기는데, 예를 갖출 만한 것으로 이보다 더한 것은 없답니다.

仙人常敬聞(선인상경문), 況貴巨富人(황귀거부인)? 是以慧爲貴(시이혜

위귀), 可禮無過是(가례무과시).

다문품 3-12 도를 추구하는 사람을 섬기는 까닭

태양을 섬기는 것은 밝음 때문이고, 부모를 섬기는 것은 은혜로움 때문이랍니다. 임금을 섬기는 것은 권력 때문이지만 듣고 배워서 깨닫는 것은 도인을 섬기기 때문이랍니다.

事日爲明故(사일위명고), 事父爲恩故(사부위은고), 事君以力故(사군이력고), 聞故事道人(문고사도인).

다문품 3-13 세상을 위해 복덕을 실행해야

사람들은 자신의 목숨을 위해 의사에게 의지하고, 승리하고자 부자나 강자에 의지합니다. 지혜로운 곳에 정법이 있으니, 복덕을 실행하면 대대손손 밝아진답니다.

人爲命事醫(인위명사의), 欲勝依豪強(욕승의호강), 法在智慧處(법재지혜처), 福行世世明(복행세세명).

다문품 3-14 지혜로운 사람은 부처님의 말씀을 경청한다

벗을 살피는 것은 일을 도모하기 위해서고, 동반자와의 이별은 위급할 때 생깁니다. 아내를 보살피면 사랑의 즐거움이 생기지만 지혜를 얻고자 한다면 부처님의 설법을 따라야 합니다.

察友在爲謀(찰우재위모), 別伴在急時(별반재급시), 觀妻在房樂(관처재방락), 欲知智在說(욕지지재설).

다문품 3-15 성스러운 지혜를 얻기 위해 듣고 배우라

들어서 배우는 것은 현세를 이롭게 하기 위해서고, 처자식과 형제와 벗들과 후세들의 복록을 이루기 위해서랍니다. 들어서 배움이 쌓이면 성스러운 지혜를 얻게 된답니다.

聞爲今世利(문위금세리), 妻子昆弟友(처자곤제우), 亦致後世福(역치후세복), 積聞成聖智(적문성성지).

다문품 3-16 많이 듣고 배우고 깨달은 사람을 섬겨라

듣고 배우면 근심을 사라지게 할 수 있으며, 또한 상서롭지 못한 쇠락을 막을 수 있답니다. 평안과 길함을 얻고자 한다면 마땅히 많이 듣고 배우고 깨달은 사람을 섬겨야 합니다.

是能散憂恚(시능산우에), 亦除不祥衰(역제불상쇠), 欲得安穩吉(욕득안온길), 當事多聞者(당사다문자).

다문품 3-17 많이 듣고 배운 사람을 따라야

창칼에 베이는 것도 근심보다 더하지 않고, 쏜 화살에 맞는 것도 어리석음보다는 더하지 않답니다. 이 화살은 항우장사도 뽑아낼 수 없지만, 오직 많이 듣고 배운 사람을 따라야만 제거할 수 있습니다.

斫創無過憂(작창무과우), 射箭無過愚(사전무과우), 是壯莫能拔(시장막능발), 唯從多聞除(유종다문제).

다문품 3-18 눈 밝은 사람이 눈먼 사람을 이끄는 것과 같다

눈먼 자가 많이 듣고 배우면 밝은 눈을 얻게 되고, 어리석은 자가 많이 듣고 배우면 등불을 얻게 됩니다. 이처럼 세상 사람들을 이끄는 것이 마치 눈 밝은 사람이 눈먼 사람을 이끄는 것과 같답니다.

盲從是得眼(맹종시득안), 闇者從得燭(암자종득촉), 亦導世間人(역도세간인), 如目將無目(여목장무목).

다문품 3-19 복덕을 쌓고 모으는 일이란

그러므로 어리석음을 버려야 하는데,·교만과 권세, 사치도 버려야 합니다. 많이 듣고 배우고 깨달은 사람을 섬기면, 이를 일러 복덕을 쌓는 거라 한답니다.

是故可捨癡(시고가사치), 離慢豪富樂(이만호부락), 務學事聞者(무학사문자), 是名積聚德(시명적취덕).

제4장 독신품(篤信品)

인연에 따라 올바르게 보고 실행케 함

독신품에서는, 올바른 도를 세우는 근본과 결과물에 대해 이야기합니다. 인연에 따라 바르게 보고서 실행하면 뒤돌아봐도 후회하지 않게 됩니다.

篤信品者(독신품자), 立道之根果(입도지근과), 於因正見(어인정견), 行不回顧(행불회고).

독신품 4-1 믿음과 부끄러움과 계율은 천상계로 가는 열쇠

믿음과 부끄러움과 계율은 마음의 보배랍니다. 이는 곧 정법을 닦는 사람들이 명예롭게 여기는 것으로, 이 올바른 도를 지혜롭게 풀어 밝히면, 마치 천상의 세계에 오르는 것과 같다고 하였답니다.

信慚戒意財(신참계의재), 是法雅士譽(시법아사예), 斯道明智說(사도명지설), 如是昇天世(여시승천세).

독신품 4-2 믿고 보시하며 선행하는 사람은

어리석은 사람은 하늘이 내린 수행법을 닦지도 않고, 보시(布施: 자비심으로 남에게 재물이나 불법을 베풂)를 명예롭게 여기지도 않는답니다. 믿고 보시하며 선행하는 사람은 그에 따라 따라 저 안락한 곳인 피안에 이르게 된답니다.

愚不修天行(우불수천행), 亦不譽布施(역불예포시), 信施助善者(신시조선자), 從是到彼安(종시도피안).

독신품 4-3 최상의 것을 얻는 법

믿음이 있는 사람은 진정 사람들의 웃어른입니다. 정법을 생각하면서 늘 편안하게 삽니다. 이를 가까이하는 사람들은 바라는 것 중에서도 최상의 것을 얻습니다. 이는 지혜와 장수인데, 오래 살면서도 지혜를 얻습니다.

信者眞人長(신자진인장), 念法所住安(염법소주안), 近者意得上(근자의득상), 智壽壽中賢(지수수중현).

독신품 4-4 독실한 믿음은 열반으로 가는 초석

믿음이 굳건하면 정도를 체득할 수 있고, 정법은 열반에 이르게 한답니다. 듣고 배움에 따라 지혜를 얻으니 이르는 곳마다 밝아집니다.

信能得道(신능득도), 法致滅度(법치멸도), 從聞得智(종문득지), 所到有明(소도유명).

독신품 4-5 피안에 이르는 법

믿음이 있으면 깊은 연못을 건널 수 있으니, 굳건한 믿음을 배의 선장으로 삼아야 합니다. 힘써 닦아 나아가는 정진을 통해 고통을 없애고, 지혜를 통해 깨달음의 세계인 피안에 이르게 된답니다.

信能度淵(신능도연), 攝爲船師(섭위선사), 精進除苦(정진제고), 慧到彼岸(혜도피안).

독신품 4-6 모든 속박에서 벗어나는 법

수행자에게 믿음과 행함이 있으면 명예로운 성인이 됩니다. 무위를 즐기는 사람은 모든 속박에서 벗어날 수 있답니다.

士有信行(사유신행), 爲聖所譽(위성소예), 樂無爲者(낙무위자), 一切縛解(일절박해).

독신품 4-7 오욕칠정의 고해를 건너는 법

독실하게 믿으면서 계율을 지혜로운 마음으로 실천할 수 있다면, 씩씩한 사내는 화를 떨구고 깊은 연못에서 벗어나게 된답니다.

信之與戒(신지여계), 慧意能行(혜의능행), 健夫度恚(건부도에), 從是脫淵(종시탈연).

독신품 4-8 독실한 믿음은 지혜를 얻게 한다

독실한 믿음은 계율을 정성스레 따르게 하면서 지혜를 얻게 합니다. 어느 곳에서든 믿음을 행할 수 있으며 머무는 곳곳에서 성장하는 것을 볼 수 있답니다.

信使戒誠(신사계성), 亦受智慧(역수지혜), 在在能行(재재능행), 處處見養(처처견양).

독신품 4-9 지혜와 믿음은 최고의 보물

온 세상의 이로운 것들 중 지혜와 믿음은 모든 것을 밝힙니다. 이는 재물 중에서도 최고의 보물이랍니다. 지금 가지고 있는 집안의 재산은 영원한 것은 아니랍니다.

比方世利(비방세리), 慧信爲明(혜신위명), 是財上寶(시재상보), 家産非常(가산비상).

독신품 4-10 독실한 믿음이란 무엇인가?

모든 진리를 깨닫고자 한다면 부처님의 설법을 즐겁게 경청하십시오. 그리하면 인색함과 세속에 물든 때를 떨칠 수 있답니다. 이것이야말로 독실한 믿음이라 합니다.

欲見諸眞(욕견제진), 樂聽講法(낙청강법), 能捨慳垢(능사간구), 此之爲信(차지위신).

독신품 4-11 출가하여 수행하는 스님들의 복락

독실한 믿음만이 고통의 강을 건너게 할 수 있으며, 그렇게 얻은 복락은 빼앗기지 않는답니다. 그것을 도둑맞는 것도 막을 수 있으니, 집 밖에서 수행하는 사문인 스님들의 복락이랍니다.

信能度河(신능도하), 其福難奪(기복난탈), 能禁止盜(능금지도), 野沙門樂(야사문락).

독신품 4-12 독실한 믿음이 없으니 부처님을 헐뜯기만 좋아하고

독실한 믿음이 없으니 익히지도 못하면서 부처님의 올바른 말씀을 헐뜯기만 좋아합니다. 이는 마치 졸렬한 자가 물을 찾으려고 샘을 팠으나 진흙물만 퍼 올린 것과 같습니다.

無信不習(무신불습), 好剝正言(호박정언), 如拙取水(여졸취수), 掘泉揚泥(굴천양니).

독신품 4-13 잡념이 생기지 않는 법

현명한 사내가 지혜를 익히니 맑은 물길만을 따르고 즐거워합니다. 이는 즐겁게 물을 얻으니 잡념이 생기지 않는 것과도 같답니다.

賢夫習智(현부습지), 樂仰淸流(낙앙청류), 如善取水(여선취수), 思令不擾(사령불요).

독신품 4-14 독실한 믿음은 다른 것에 물들지 않게 하고

독실한 믿음은 다른 것에 물들지 않게 하고, 오직 어짊을 사람들에게 베풀게 합니다. 좋아할 수 있으면 배우고, 좋아할 수 없으면 멀리합니다.

信不染他(신불염타), 唯賢與人(유현여인), 可好則學(가호즉학), 非好則遠(비호즉원).

독신품 4-15 자신을 길들이는 것이 최선책

진실한 믿음을 나의 수레로 삼아야 합니다. 이 수레를 이용하지

않는 것은 마치 큰 코끼리를 길들이려는 것과 같답니다. 그러니
자신을 조련하는 것이 가장 좋은 방편이랍니다.

信爲我輿(신위아여), 莫知斯載(막지사재), 如大象調(여대상조), 自調最
勝(자조최승).

독신품 4-16 우리에게 주어진 일곱 가지 재물

믿음도 재물이고 계율도 재물이며, 부끄러움과 창피함도 재물
입니다. 들음도 재물이며 보시도 재물이며, 지혜로움까지 더하면
모두 일곱 가지 재물이 됩니다.

信財戒財(신재계재), 慚愧亦財(참괴역재), 聞財施財(문재시재), 慧爲七
財(혜위칠재).

독신품 4-17 지혜롭고 이롭게 실행하는 것을 잊지 말아야

독실한 믿음에 따라 계율을 지키면서 항상 깨끗한 마음으로 정
법을 관찰해야 합니다. 지혜롭고 이롭게 실행하면서도 받들어 공
경하면서 잊지 말아야 합니다.

從信守戒(종신수계), 常淨觀法(상정관법), 慧而利行(혜이리행), 奉敬不
忘(봉경불망).

독신품 4-18 누구나 일곱 가지 재물을 갖추고 있다

태어나면서부터 누구나 이러한 재물을 갖추고 있답니다. 그래
서 남녀 가릴 것 없이 일평생 가난하지 않으니, 현명한 사람은 그
참된 진실을 알고 있답니다.

生有此財(생유차재), 不問男女(불문남녀), 終以不貧(종이불빈), 賢者識眞(현자식진).

제5장 계신품(誡愼品)

사악하고 그릇된 것을 금지하고 훗날 후회가 없도록 함

계신품에서는, 선한 도리를 받들어 사악하고 그릇된 것을 금지하고 억제하여 훗날 후회하는 일이 없도록 하는 말씀들을 서술하고 있습니다.

誡愼品者(계신품자), **授與善道**(수여선도), **禁制邪非**(금제사비), **後無所悔也**(후무소회야).

계신품 5-1 삶을 마칠 때까지 선을 행하라

사람으로서 항상 청정하여 끝까지 쉬지 않고 계율을 받들어 선을 행하면 계율을 이룰 수 있답니다.

人而常淸(인이상청), **奉律至終**(봉률지종), **淨修善行**(정수선행), **如是戒成**(여시계성).

계신품 5-2 훗날 천상에서 한없는 즐거움을 누린다

지혜로운 사람은 계율을 잘 지켜 그 복록이 삼보(부처님·교법·승려)

에까지 이르게 됩니다. 그리하여 그 이름이 널리 퍼지고 이로워져 훗날 천상에 올라 즐거움을 누린답니다.

慧人護戒(혜인호계), 福致三寶(복치삼보), 名聞得利(명문득리), 後上天 樂(후상천낙).

계신품 5-3 진리를 이루고 견성하여

항상 정법이 있는 곳을 보고 계율을 지키다 보면 밝아지게 됩니 다. 그리하면 진리를 이루고 견성(見性: 모든 망념과 미혹을 버리고 자기 본래의 성품인 자성을 깨달아 앎)하여 사람들 중에서도 길하고 상서롭 게 된답니다.

常見法處(상견법처), 護戒爲明(호계위명), 得成眞見(득성진견), 輩中吉 祥(배중길상).

계신품 5-4 자나 깨나 평안하고 환희로운 삶

계율을 잘 지키는 사람은 평안하며 심신에 번뇌가 없습니다. 그 러니 잠자리에 들어도 차분하고 편안하며 깨어나도 항상 기쁘답 니다.

持戒者安(지계자안), 令身無惱(영신무뇌), 夜臥恬淡(야와념담), 寤則常 歡(오즉상환).

계신품 5-5 저 피안에 가서도 평안한 곳에 이른다

계율을 잘 수행하고 보시를 하면 복을 지어 또 다른 복이 따릅니 다. 이에 따라 저 피안에 가서도 늘 평안한 곳에 이르게 된답니다.

修戒布施(수계보시), 作福爲福(작복위복), 從是適彼(종시적피), 常到安處(상도안처).

계신품 5-6 어떠한 행위가 보배가 될까?

어떻게 해야 선행이 됩니까? 어떠한 선행이 평안함에 이르게 합니까? 어떠한 행위가 사람의 보배가 되는 겁니까? 그것은 왜 도둑들도 훔치지 못하는 겁니까?

何終爲善(하종위선)? 何善安止(하선안지)? 何爲人寶(하위인보)? 何盜不取(하도불취)?

계신품 5-7 지혜는 사람들의 보배

계율을 잘 지키면 늙어서도 평안하게 되며, 계율은 선을 행해 평안함에 머물게 합니다. 지혜는 사람들의 보배가 되는데, 그 복록은 도둑들마저도 훔치지 못한답니다.

戒終老安(계종노안), 戒善安止(계선안지), 慧爲人寶(혜위인보), 福盜不取(복도불취).

계신품 5-8 먹는 것을 조절할 줄 알아야 깨달음도 얻어

수행자인 비구들은 계율을 세우고 근본을 굳건히 지킵니다. 그러니 먹는 것을 스스로 조절할 줄 알기에 이치를 깨달아 마음을 따르게 한답니다.

比丘立戒(비구입계), 守攝諸根(수섭제근), 食知自節(식지자절), 悟意令應(오의령응).

계신품 5-9 올바른 지혜를 잊지 말아야

계율로써 끓어오르는 마음을 굴복시키고 뜻을 지켜 바르게 입정(入定: 삼업三業을 그치게 하고 선정禪定에 들어가는 일)해야 합니다. 올바르게 바라보는 법을 배워 올바른 지혜를 잊지 말아야 합니다.

以戒降心(이계강심), 守意正定(수의정정), 內學正觀(내학정관), 無忘正智(무망정지).

계신품 5-10 계율을 지키면서 마음속으로 사유하면

철리(哲理: 아주 깊고 오묘한 이치)를 밝혀 계율을 지키면서 마음속으로 사유하면 올바른 지혜가 일어납니다. 그렇게 하여 도를 수행하여 이치에 맞으면 심신이 저절로 맑아져 고뇌가 사라진답니다.

明哲守戒(명철수계), 內思正智(내사정지), 行道如應(행도여응), 自淸除苦(자청제고).

계신품 5-11 세속의 때와 교만한 마음을 없애야

세속의 모든 때를 빠르게 제거하고 교만한 마음이 다시는 생기지 않도록 해야 합니다. 그러기 위해서는 죽을 때까지 올바른 불법을 추구하여 잠시라도 부처님의 성스러움이 떠나지 않도록 해야 합니다.

鐲除諸垢(견제제구), 盡慢勿生(진만물생), 終身求法(종신구법), 勿暫離聖(물잠리성).

계신품 5-12 삼학을 사유해 세속의 때를 떨쳐내야

계율·선정·지혜를 통한 해탈(解脫: 번뇌의 얽매임에서 풀리고 미혹의 괴로움에서 벗어남), 이 삼학(三學)을 마땅히 잘 사유해야 합니다. 그래서 세속의 때를 모두 떨쳐버리면 재앙도 없고 소유욕도 사라진답니다.

戒定慧解(계정혜해), 是當善惟(시당선유), 都已離垢(도이리구), 無禍除有(무화제유).

계신품 5-13 집착에서 벗어나는 것이 곧 해탈

집착에서 벗어나면 깨닫게 되며 잡념이 생기지도 않는답니다. 모든 마귀의 세계를 초월하면 마치 맑고 밝은 태양과 같아진답니다.

着解則度(착해즉도), 餘不復生(여불복생), 越諸魔界(월제마계), 如日清明(여일청명).

계신품 5-14 삼학을 수행했다면 가득 찰 것

미치고 미혹에 빠져 스스로 방자해지면 이미 늘 밖으로 회피했을 겁니다. 그러나 계정혜라는 삼학을 수행하여 가득히 구했다면 떠나지 말아야 합니다.

狂惑自恣(광혹자자), 已常外避(이상외피), 戒定慧行(계정혜행), 求滿勿離(구만물리).

계신품 5-15 올바른 지혜로 깨달으니 사악한 부류는 안 보이네

계율을 지켜 맑고 깨끗해졌다면 마음은 저절로 방자해지지는 않는답니다. 올바른 지혜로 이미 깨달았으니 사악한 부류 따위는 안 보이게 됩니다.

持戒清淨(지계청정), 心不自恣(심부자자), 正智已解(정지이해), 不覩邪部(부도사부).

계신품 5-16 도를 이루니 악마들도 떠나

언제나 좋은 곳에 머물고 더 이상 오를 수 없는 도를 이루게 됩니다. 또한 정도가 아닌 것은 버리게 되니, 모든 악마들도 떠나게 될 겁니다.

是往吉處(시왕길처), 爲無上道(위무상도), 亦捨非道(역사비도), 離諸魔界(이제마계).

제6장 유념품(惟念品)

안반을 행하며 사유하게 하여 도의 기상을 깨닫게 함

유념품에서는, 미묘함을 지키는 시초로써 내심으로는 안반(安般: 숨이 들어오고 나가는 호흡으로 마음을 가라앉히는 수행법. '안安'은 범어의 '아나ana', '반般'은 '아파나apana'의 발음을 그대로 옮긴 것으로, 안반의 원어는 '아나파나anapana'이다. '아나ana'는 '들숨', '아파나apana'는 '날숨出息'을 뜻한다.)을 행하며 사유하면, 반드시 도의 기강을 깨달을 수 있다고 말씀하고 있답니다.

惟念品者(유념품자), 守微之始(수미지시), 內思安般(내사안반), 必解道紀(필해도기).

유념품 6-1 수식관을 행하며 들고나는 숨길을 내밀하게 지켜보라

내쉬는 숨과 들이쉬는 숨길을 내밀하게 수식관(數息觀: 숨을 다듬으면서 마음을 가라앉히는 관법)을 하며 생각하십시오. 복부에 숨이 가득 차면 살피고 사유하면서 처음부터 끝까지 면밀하게 소통하다 보면, 부처님의 말씀을 듣고 있는 것과 같이 마음이 편안해진답니다.

出息入息念(출식입식념), 具滿諦思惟(구만체사유), 從初竟通利(종초경통리), 安如佛所說(안여불소설).

유념품 6-2 고요히 사유하는 것을 배우고 익혀라

이는 곧 온 세상을 밝게 비추는 것이니, 마치 구름이 걷히며 밝은 달이 드러나는 것과 같습니다. 움직이거나 멈추거나 고요히 사유하는 것을 배우고 익혀, 앉거나 눕거나 그만두거나 잊지 말아야 합니다.

是則炤世間(시즉소세간), 如雲解月現(여운해월현), 起止學思惟(기지학사유), 坐臥不廢忘(좌와불폐망).

유념품 6-3 염원을 세우면 이로워진다

수행하는 비구가 이러한 염원을 세우면 앞으로도 이롭고 이후에도 곧 나아진답니다. 처음에 체득하면 끝에 가서는 반드시 더 나아져 살고 죽는 생사에 연연하지 않게 됩니다.

比丘立是念(비구립시념), 前利後則勝(전리후즉승), 始得終必勝(시득종필승), 逝不覩生死(서부도생사).

유념품 6-4 초지일관한다면 어느 순간 열반을 깨닫게 돼

만약 몸이 살고 있는 곳을 보려 한다면 아침 6시경인 육경이 제일이랍니다. 비구가 늘 한마음으로 일관한다면 어느 순간 스스로 최고의 경지인 열반을 깨닫게 된답니다.

若見身所住(약견신소주), 六更以爲最(육경이위최), 比丘常一心(비구상일심), 便自知泥洹(편자지니원).

유념품 6-5 자신으로 하여금 항상 실행하게 해야

이미 이러한 이치를 깨달았다면 자신으로 하여금 항상 실행하게 해야 합니다. 만약 이와 같이 실행하지 않는다면 끝내 그 뜻을 실행하지도 못한답니다.

已有是諸念(이유시제념), 自身常建行(자신상건행), 若其不如是(약기불여시), 終不得意行(종부득의행).

유념품 6-6 애욕에 따른 번뇌를 다스리려면

이러한 근본적인 수행을 따르는 사람은 이와 같이 함으로써 애욕에 따른 번뇌도 다스릴 수 있습니다. 만약 마음속 생각인 의념(意念)을 깨달을 수 있다면 한결같은 마음으로 즐겁게 깨닫습니다.

是隨本行者(시수본행자), 如是度愛勞(여시도애로), 若能悟意念(약능오의념), 知解一心樂(지해일심락).

유념품 6-7 늙음과 죽음에 수반되는 번뇌를 다스리는 법

때에 맞춰 한결같이 불법(佛法)을 수행하면 늙음과 죽음에 대한 번뇌도 다스릴 수 있답니다. 수행자인 비구가 이러한 의념을 깨달아 수행하려면 마땅히 올바른 생각을 따라야 합니다.

應時等行法(응시등행법), 是度老死惱(시도로사뇌), 比丘悟意行(비구오의행), 當令應是念(당령응시념).

유념품 6-8 그윽하고 오묘한 부처님 말씀을 경청해야

생사에 대한 모든 사념을 버릴 수 있다면 고뇌를 떨칠 수 있답니다. 마땅히 늘 그윽하고 오묘한 부처님의 말씀을 경청하고 그 의념을 깨달아야 합니다.

　諸念生死棄(제념생사기), 爲能作苦際(위능작고제), 常當聽微妙(상당청미묘), 自覺悟其意(자각오기의).

유념품 6-9 번뇌를 끊는 누진통(漏盡通)을 이루려면

각성할 수 있는 사람은 현명해지니 끝끝내 번뇌가 사라지게 됩니다. 깨달은 마음으로 능히 밤낮으로 힘써 배우고 수행하여야 합니다. 그렇게 되면 마땅히 불사천주(不死天酒)라고도 하는 감로주의 요체를 깨달아 모든 번뇌를 깨끗하게 없앨 수 있습니다.

　能覺者爲賢(능각자위현), 終始無所會(종시무소회), 以覺意能應(이각의능응), 日夜務學行(일야무학행), 當解甘露要(당해감로요), 令諸漏得盡(영제루득진).

유념품 6-10 부처님께 귀의하여 정법과 중생을 유념하라

무릇 사람이 이로워지려면 이내 스스로 부처님께 다가와 귀의해야 합니다. 이러한 까닭에 마땅히 밤낮으로 부처님의 정법과 중생들을 유념해야 합니다.

　夫人得善利(부인득선리), 乃來自歸佛(내래자귀불), 是故當晝夜(시고당주야), 常念佛法衆(상념불법중).

유념품 6-11 이미 스스로 깨달아 뜻을 헤아렸다면

이미 스스로 깨달아 뜻을 헤아렸다면, 이러한 사람을 부처님의 제자라 한답니다. 늘 밤낮으로 유념하는 사람은, 바로 부처님의 정법을 받드는 스님입니다.

己知自覺意(기지자각의), 是爲佛弟子(시위불제자), 常當晝夜念(상당주야념), 佛與法及僧(불여법급승).

유념품 6-12 늘 계율과 보시의 공덕을 생각하라

몸뚱이를 생각하려거든 영원치 않음을 유념해야 합니다. 늘 계율과 보시의 공덕을 생각해야 합니다. 모든 사물은 공(空)이어서 일정한 형상이 없음을 깨달아 욕심도 없애야 하며, 밤낮으로 마땅히 이를 유념해야 한답니다.

念身念非常(염신념비상), 念戒布施德(염계포시덕), 空不願無相(공불원무상), 晝夜當念是(주야당념시).

제7장 자인품(慈仁品)

성인이 밟아온 덕망은 넓고 넓어 한량이 없음

자인품에서는, 덕망 높은 대인에 대해 말하고 있습니다. 성스러운 사람인 성인이 밟아온 덕망은 넓고 넓어 한량이 없습니다.

慈仁品者(자인품자), 是謂大人(시위대인), 聖人所履(성인소리), 德普無量(덕보무량).

자인품 7-1 죽임이 없는 곳에는 근심도 없다

어진 사람이 되기 위해서는 생명 있는 모든 것을 죽이지 말아야 합니다. 늘 심신을 단정하게 다스릴 수 있으면 죽임이 없는 곳에 이르게 되는데, 가는 곳마다 근심도 없답니다.

爲仁不殺(위인불살), 常能攝身(상능섭신), 是處不死(시처불사), 所適無患(소적무환).

자인품 7-2 언행에 조신하고 평온한 마음을 유지해야

살아 있는 생명을 죽이지 않는 어진 사람이 되기 위해서는 언행에 조신하고 평온한 마음을 지켜내야 합니다. 그렇게 하면 죽임이 없는 곳에 이르게 되는데, 어디를 가든 근심이 없답니다.

不殺爲仁(불살위인), 愼言守心(신언수심), 是處不死(시처불사), 所適無患(소적무환).

자인품 7-3 늘 자애로움과 어짊으로써 잘 지켜야

저간의 혼란함이 이미 평정되었다면 자애로움과 어짊으로써 잘 지켜내야 합니다. 분노할 만한 것을 보고서도 참아낼 수 있는 것, 이를 일러 맑고 깨끗한 행실을 뜻하는 범행이라 합니다.

彼亂已整(피란이정), 守以慈仁(수이자인), 見怒能忍(견노능인), 是爲梵行(시위범행).

자인품 7-4 어디에서든 성내지 않는 것

지극히 정성되고 평안하고 평온해야 합니다. 입으로는 거친 말을 하지 않고 어느 곳에서도 성내지 않는 것, 이를 일러 범행이라 합니다.

至誠安徐(지성안서), 口無麤言(구무추언), 不瞋彼所(부진피소), 是謂梵行(시위범행).

자인품 7-5 무위를 실천해야 중생에게 해롭지 않아

팔짱을 끼고 아무 일도 하지 않아야 중생에게 해롭지 않게 됩니다. 요사스러운 번뇌도 없는 곳이라면 이곳이 마땅히 맑고 깨끗한 범행처랍니다.

垂拱無爲(수공무위), 不害衆生(불해중생), 無所嬈惱(무소요뇌), 是應梵行(시응범행).

자인품 7-6 만족함을 알고 멈출 줄 아는 것
항상 자애를 베풀어서 부처님의 가르침대로 청정하게 살아야 합니다. 그렇게 하면 만족함을 알고 멈출 줄 알게 되니, 이것이 바로 삶과 죽음인 생사를 건너는 겁니다.

常以慈哀(상이자애), 淨如佛教(정여불교), 知足知止(지족지지), 是度生死(시도생사).

자인품 7-7 어질면서도 남을 해치지 않아야
욕심을 줄이고 배우기를 좋아하면서 이익에 미혹되지 않아야 합니다. 어질면서 남을 해치지 않으면 세상 사람들이 칭송하게 된답니다.

少欲好學(소욕호학), 不惑於利(불혹어리), 仁而不犯(인이불범), 世上所稱(세상소칭).

자인품 7-8 사람들이 시비를 걸더라도 지혜로써 마음을 안정시켜야
어질게 오래 살면서 남의 것을 빼앗지 말고 변고를 일으키지 않아야 합니다. 사람들이 시비를 걸더라도 지혜로써 묵묵히 마음을 안정시켜야 합니다.

仁壽無犯(인수무범), 不興變快(불흥변쾌), 人爲諍擾(인위쟁요), 慧以默安(혜이묵안).

자인품 7-9 인자하게 마음을 쓰면 어디에서든 평안하다

벗을 널리 걱정하면서도 중생들을 가엽게 여겨야 합니다. 항상 인자하세 마음을 쓰면 어디에서든 평안할 수 있답니다.

普憂賢友(보우현우), 哀加衆生(애가중생), 常行慈心(상행자심), 所適者安(소적자안).

자인품 7-10 지혜로운 사람은 하늘이 지켜주시니

어진 선비는 삿되지 않아 편안하게 머무르며 근심하지 않습니다. 위로는 하늘이 지켜주시니, 지혜로운 사람은 자비를 즐겨 행한답니다.

仁儒不邪(인유불사), 安止無憂(안지무우), 上天衛之(상천위지), 智者樂慈(지자낙자).

자인품 7-11 원수를 만들지 않는 행실이란

밤낮으로 자비를 생각하고 있으니, 마음속으로 남을 해칠 생각도 없답니다. 중생을 해치지도 않으니, 이것이 바로 원수를 만들지 않는 행실이랍니다.

晝夜念慈(주야념자), 心無尅伐(심무극벌), 不害衆生(불해중생), 是行無仇(시행무구).

자인품 7-12 자애롭지 못하면 뭇 생명을 죽이니

자애롭지 못하면 뭇 생명을 죽이고 계율을 어기면서 망언을 일삼게 된답니다. 남에게 선행을 베풀지도 않으면서 중생들을 돌보지도 않는답니다.

不慈則殺(부자즉살), 違戒言妄(위계언망), 過不與他(과불여타), 不觀衆
生(불관중생).

자인품 7-13 술을 마시면 자신의 의지마저 잃게 되고

술을 마시면 자신의 의지마저 잃게 되고 방자하고도 안일한 행
동을 일삼게 됩니다. 그런 후에는 나쁜 길에 떨어지게 되면서 순
수한 마음도 없어지고 참되지도 못하게 됩니다.

酒致失志(주치실지), 爲放逸行(위방일행), 後墮惡道(후타악도), 無誠不
眞(무성부진).

자인품 7-14 어짊과 자애로움을 행하면 중생을 구제한다

어짊을 행하고 자애로움을 행하면 널리 사랑하면서 중생을 구
제할 수 있답니다. 열한 가지의 명예가 따르면 복덕이 항상 자신
을 따르게 된답니다.

履仁行慈(이인행자), 博愛濟衆(박애제중), 有十一譽(유십일예), 福常隨
身(복상수신).

자인품 7-15 자나 깨나 평안하면 악몽도 안 꾼다

잠자리에 들어도 평안하고 깨어 있어도 평안하니, 나쁜 꿈인 악
몽도 꾸지 않게 됩니다. 하늘이 보호해 주시고 다른 사람들이 사
랑해 주니, 독약도 피하고 병란도 피하게 됩니다.

臥安覺安(와안각안), 不見惡夢(불견악몽), 天護人愛(천호인애), 不毒

不兵(부독불병).

자인품 7-16 어느 곳에서든 이로움을 얻게 된다

수마나 화마마저도 피하니 어느 곳에서든 이로움을 얻게 된답니다. 죽어서는 범천에 오르게 되니, 이를 일러 열한 가지 명예가 따른다고 합니다.

水火不喪(수화불상), 在所得利(재소득리), 死昇梵天(사승범천), 是爲十一(시위십일).

자인품 7-17 자애로운 마음을 염두하고 있다면

만약 자애로운 마음을 염두하고 있다면 한량없이 그치지 말아야 합니다. 그리하면 생사의 근심도 점차 사라지면서 이로움을 얻어 세상을 살아가게 됩니다.

若念慈心(약념자심), 無量不廢(무량불폐), 生死漸薄(생사점박), 得利度世(득리도세).

자인품 7-18 중생을 늘 염려하고 가엽게 여기면

너그러운 마음에는 어지러운 뜻이 없으니 자비는 가장 먼저 실행해야 할 덕목입니다. 그러니 중생을 염려하고 가엽게 여기면 그 복록은 헤아릴 수 없이 많아진답니다.

仁無亂志(인무란지), 慈最可行(자최가행), 愍傷衆生(민상중생), 此福無量(차복무량).

자인품 7-19 자비를 한 번이라도 실행해야

가령 목숨이 다할지라도 온 세상 사람들을 정성스럽게 섬겨야 합니다. 말이나 코끼리로 하늘에 제사 지낸다 한들 자비를 한 번 실행한 것만 못하답니다.

假令盡壽命(가령진수명), 懃事天下人(근사천하인), 象馬以祠天(상마이사천), 不如行一慈(불여행일자).

제8장 언어품(言語品)

말하고 이야기하고 의논할 때는 도리에 맞고 이치에 타당해야 함

언어품에서는, 입놀림을 경계해야 하는 이유에 대해 말씀합니다. 말하고 이야기하고 의논할 때는 마땅히 도리에 맞고 이치에 타당해야 함을 말씀하고 있답니다.

言語品者(언어품자), 所以戒口(소이계구), 發說談論(발설담론), 當用道理(당용도리).

언어품 8-1 미움과 원망이 더욱 불어나는 이유

나쁜 말로 욕하고 꾸짖으면서 남을 교만하고 능멸하는 사람, 이러한 행동을 자주 일으키면 미움과 원망이 더욱 불어나게 됩니다.

惡言罵詈(악언매리), 憍陵蔑人(교릉멸인), 興起是行(흥기시행), 疾怨滋生(질원자생).

언어품 8-2 한 맺힌 마음을 버리고 악행을 참게 되면

겸손하게 말하고 그 말씨가 유순하면 다른 사람에게 존경받게

됩니다. 한 맺힌 마음을 버리고 나쁜 행위를 참게 되면 미움과 원망은 저절로 소멸된답니다.

遜言順辭(손언순사), 尊敬於人(존경어인), 棄結忍惡(기결인악), 疾怨自滅(질원자멸).

언어품 8-3 목숨을 앗아가는 것은 자기의 나쁜 언행 탓

대체로 사람은 태어나면서부터 입안에 도끼를 품고 있답니다. 그러므로 목숨을 앗아가는 것은 자기의 나쁜 언행 탓입니다.

夫士之生(부사지생), 斧在口中(부재구중), 所以斬身(소이참신), 由其惡言(유기악언).

언어품 8-4 작은 이득을 위해 다투다 보면

작은 이익을 위해 다투는 것은 재물을 잃는 것 같으니, 그것에 따라 다투게 되면 마음은 나쁜 쪽으로 향하게 된답니다.

諍爲少利(쟁위소리), 如掩失財(여엄실재), 從彼致諍(종피치쟁), 令意向惡(영의향악).

언어품 8-5 악한 이를 칭찬하고 악한 이에게 칭찬받으면

악한 이를 칭찬하고 악한 이에게 칭찬받으면, 그것은 둘 다 악이 된답니다. 입으로 자주 다투다 보면 그 이후에는 편안하지 않습니다.

譽惡惡所譽(예악악소예), 是二俱爲惡(시이구위악), 好以口儈鬪(호이구쾌투), 是後皆無安(시후개무안).

언어품 8-6 어리석은 행위를 멀리하고 인내를 수행해야

올바른 도리가 없어지게 되면 악한 길로 떨어지게 되어 저절로 지옥의 고통이 늘어납니다. 어리석은 행위를 멀리하고 참는 마음을 수행하며 참된 도리를 생각하면 누구도 침범하지 못할 겁니다.

無道墮惡道(무도타악도), 自增地獄苦(자증지옥고), 遠愚修忍意(원우수인의), 念諦則無犯(염체즉무범).

언어품 8-7 선행을 깨닫고 현명해지면

선행을 따르다 보면 번뇌와 속박에서 벗어나게 됩니다. 악행을 저지르다 보면 해탈의 경지를 체득하지 못한답니다. 선행을 깨닫고 현명해지면 나쁜 번뇌에서 벗어나게 된답니다.

從善得解脫(종선득해탈), 爲惡不得解(위악부득해) , 善解者爲賢(선해자위현), 是爲脫惡惱(시위탈악뇌).

언어품 8-8 옳은 말은 부드럽고 감미롭다

마음이 해로워진 것을 스스로 해결하고 경솔하게 말하지 않으면 중도를 얻게 됩니다. 이치대로 말하고 정법에 맞게 말하면 그 말은 부드럽고 감미롭습니다.

解自抱損意(해자읍손의), 不躁言得中(부조언득중), 義說如法說(의설여법설), 是言柔軟甘(시언유연감).

언어품 8-9 상대를 이기려 하지 않는 말이 좋은 말

이러한 이유로 말하고 대화하려는 사람은 반드시 자기로 하여

금 우환이 없도록 해야 합니다. 또한 많은 사람들을 이기려 하지 아니하면, 이를 일러 좋은 말이라고 한답니다.

是以言語者(시이언어자), 必使己無患(필사기무환), 亦不尅衆人(역불극중인), 是爲能善言(시위능선언).

언어품 8-10 말에는 마음속의 올바른 생각이 투영되어야

말에는 마음속의 올바른 생각이 투영되어야 하며, 또한 다른 사람을 기쁘고 즐겁게 해야 합니다. 나쁜 마음이 담기지 않게 한다면 하는 말마다 모두 좋답니다.

言使投意可(언사투의가), 亦令得歡喜(역령득환희), 不使至惡意(불사지악의), 出言衆悉可(출언중실가).

언어품 8-11 감로수와 같은 말은 허물이 없다

지극히 정성스러워 감로수와 같은 말은 정법에 맞는 말이니 허물이 없답니다. 그 뜻이 이치는 물론 정법에도 맞다면, 이를 일러 도에 가까이 서는 것이라고 한답니다.

至誠甘露說(지성감로설), 如法而無過(여법이무과), 諦如義如法(체여의여법), 是爲近道立(시위근도립).

언어품 8-12 번뇌의 얽매임에서 벗어나는 법

부처님의 말씀과 같은 말을 하는 사람은 이것만으로도 길하여 멸도(滅度: 모든 번뇌의 얽매임에서 벗어나고, 진리를 깨달아 불생불멸의 법을 체득한 경지)에 이르게 됩니다. 그래서 능히 깨달음의 극치인

호제(浩際)에 이르니, 이를 일러 말 가운데 가장 훌륭하다고 한답니다.

說如佛言者(설여불언자), 是吉得滅度(시길득녈노), 爲能作浩際(위능삭호제), 是謂言中上(시위언중상).

제9장 쌍요품(雙要品)

서로 둘씩 짝을 지어 보여주며 그 이치를 온전하게 드러냄

쌍요품에서는, 서로 둘씩 짝이 되는 말씀을 분명하게 밝히고, 선과 악이 대응하고 있으면 짝을 지어 보여줌으로써, 그 이치를 온전하게 드러내고 어느 한쪽만을 이야기하지는 않는답니다.

雙要品者(쌍요품자), 兩兩相明(양양상명), 善惡有對(선악유대), 擧義不單(거의부단).

쌍요품 9-1 마음속으로 악을 생각한 채 말하고 행동하면

마음은 모든 일의 근본이 되니 마음이 어떤 일로 향하면 마음은 그 일을 하게 합니다. 마음속으로 악을 생각한 채 말하고 행동하면 죄악과 고통이 저절로 따르게 됩니다. 마치 수레가 가는 길을 따라 바퀴자국이 남듯이.

心爲法本(심위법본), 心尊心使(심존심사), 中心念惡(중심념악), 卽言卽行(즉언즉행), 罪苦自追(죄고자추), 車轢于轍(거력우철).

쌍요품 9-2 마음속에 선한 생각을 품은 채 언행하면

마음은 모든 일의 근본이 되니 마음이 어떤 일로 향하면 마음은 그 일을 하게 합니다. 마음속으로 선한 생각을 품은 채 말하고 행동하면 복덕과 즐거움이 저절로 따른답니다. 마치 그림자가 형체를 따르듯이.

心爲法本(심위법본), 心尊心使(심존심사), 中心念善(중심념선), 卽言卽行(즉언즉행), 福樂自追(복락자추), 如影隨形(여영수형).

쌍요품 9-3 음란한 생각에 따라 행동하면

음란한 생각에 따라 행동하면 어리석음에 얽매인 채 어둠 속에 빠지게 됩니다. 자신이 위대하더라도 정법이 없다면, 어떻게 좋은 말씀을 이해하여 깨달을 수 있겠습니까?

隨亂意行(수란의행), 拘愚入冥(구우입명), 自大無法(자대무법), 何解善言(하해선언)?

쌍요품 9-4 맑고 밝은 생각으로 환하게 열려 있어야

올바른 마음을 따라 행동하면 맑고 밝은 생각으로 환하게 열려 깨닫게 됩니다. 시기하고 미워하는 마음이 일지 않으면, 좋은 말씀을 재빠르게 통달할 수 있게 된답니다.

隨正意行(수정의행), 開解淸明(개해청명), 不爲妬嫉(불위투질), 敏達善言(민달선언).

쌍요품 9-5 성내지 않으면 원한은 저절로 사라진다

원망하는 자에게 화를 낸다면, 원망이 끊이지 않습니다. 성내지 않으면 원한은 저절로 사라지니, 이러한 도리야말로 가장 높은 조종으로 삼을 만합니다.

慍於怨者(온어원자), 未嘗無怨(미상무원), 不慍自除(불온자제), 是道可宗(시도가종).

쌍요품 9-6 다른 사람을 책망하지 말고 자신을 성찰하는 데 힘써야

다른 사람을 책망하지 말고 자신을 성찰하는 데 힘써야 합니다. 만약 이러한 사실을 알고 있다면 영원히 멸도에 들어 근심이 사라진답니다.

不好責彼(불호책피), 務自省身(무자성신), 如有知此(여유지차), 永滅無患(영멸무환).

쌍요품 9-7 바람에 쓰러지는 풀잎처럼

몸이 깨끗하다고 여기고 행하면 모든 근본들을 다스리지 못합니다. 마시고 먹는 것을 절제하지 못하고, 게으르면서도 겁이 많아 마음이 나약해지면 삿된 것에 흔들리게 됩니다. 마치 바람에 쓰러지는 풀들처럼.

行見身淨(행견신정), 不攝諸根(불섭제근), 飮食不節(음식부절), 慢墮怯弱(만타겁약), 爲邪所制(위사소제), 如風靡草(여풍미초).

쌍요품 9-8 즐거운 마음으로 열심히 수행하는 사람은

몸이 깨끗하지는 않다고 여기고 살피면서 여러 근본들을 잘 다스려야 합니다. 식욕을 조절할 줄 알면서 항상 즐거운 마음으로 열심히 수행하는 사람은 사악한 것에 흔들리지 않는답니다. 마치 휘몰아치는 태풍 속에서도 우뚝 선 큰 산처럼.

觀身不淨(관신부정), 能攝諸根(능섭제근), 食知節度(식지절도), 常樂精進(상락정진), 不爲邪動(불위사동), 如風大山(여풍대산).

쌍요품 9-9 스스로 조절할 수 없다면 가사를 입지 말아야

독소에 물든 마음을 버리지 않고 탐욕에 따라 치달리면서도, 스스로 조절할 수 없다면 법복인 가사를 입지 말아야 합니다.

不吐毒態(불토독태), 欲心馳騁(욕심치빙), 未能自調(미능자조), 不應法衣(불응법의).

쌍요품 9-10 마음을 다스리고 조절할 수 있다면

독소에 물든 마음을 버리고 계율에 따라 마음을 편안하고 고요히 해야 합니다. 마음을 다스리고 조절할 수 있다면 법복인 가사를 입을 수 있습니다.

能吐毒態(능토독태), 戒意安靜(계의안정), 降心已調(강심이조), 此應法衣(차응법의).

쌍요품 9-11 진실한 것을 거짓이라 여기고 거짓을 진실이라 여긴 다면

진실한 것을 거짓이라 여기고 거짓을 진실이라 여긴다면, 이것은 그릇된 견해라서 참된 이로움을 얻지 못한답니다.

以眞爲僞(이진위위), 以僞爲眞(이위위진), 是爲邪計(시위사계), 不得眞利(부득진리).

쌍요품 9-12 진실한 것을 진실이라 여기고 거짓을 보고 거짓임을 알 수 있다면

진실한 것을 진실이라 여기고 거짓을 보고 거짓임을 알 수 있다면, 이것은 올바른 견해라서 반드시 참된 이로움을 얻게 된답니다.

知眞爲眞(지진위진), 見僞知僞(견위지위), 是爲正計(시위정계), 必得眞利(필득진리).

쌍요품 9-13 덮은 지붕이 촘촘하지 않으면

덮은 지붕이 촘촘하지 않으면 하늘에서 내린 빗물이 새어 나옵니다. 마음을 다스려 오롯이 행하지 않으면 음탕한 생각이 넘쳐 구멍이 뚫리게 됩니다.

蓋屋不密(개옥불밀), 天雨則漏(천우즉루), 意不惟行(의불유행), 淫泆爲穿(음일위천).

쌍요품 9-14 덮은 지붕이 촘촘하면

덮은 지붕이 촘촘하면 비가 내려도 새지 않습니다. 마음을 다스려 오롯이 행하지 않으면 음탕한 생각이 넘쳐나는 일은 생기지 않는답니다.

蓋屋善密(개옥선밀), 雨則不漏(우즉불루), 攝意惟行(섭의유행), 淫泆不生(음일불생).

쌍요품 9-15 점점 미혹되어 나쁜 것을 익히게 되면

마음씨 더러운 사람이 다른 사람을 물들이는 것은 마치 냄새나는 물건을 가까이하는 것과 같습니다. 점점 미혹되어 나쁜 것을 익히게 되면 자신도 알아차리지 못한 채 나쁜 습성이 몸에 배게 됩니다.

鄙夫染人(비부염인), 如近臭物(여근취물), 漸迷習非(점미습비), 不覺成惡(불각성악).

쌍요품 9-16 지혜를 추구하며 선행을 익히다 보면

어진 사람이 다른 사람을 물들이는 것은, 마치 좋은 향기를 가까이하는 것과도 같답니다. 지혜를 추구하며 나날이 선행을 익히다 보면 깨끗하고 아름답게 행동하는 습관이 생기게 됩니다.

賢夫染人(현부염인), 如近香熏(여근향훈), 進智習善(진지습선), 行成潔芳(행성결방).

쌍요품 9-17 악을 행하면 이승이나 저승에서도 근심이 생기니

이승에서 근심이 생기면 저승에서도 걱정하게 되고, 악을 행하면 이승이나 저승에서도 근심에 빠지게 됩니다. 이승이나 저승에서도 두려워하니, 스스로 지은 죄를 알아차리고는 마음마저 부끄러워집니다.

造憂後憂(조우후우), 行惡兩憂(행악양우), 彼憂惟懼(피우유구), 見罪心懅(견죄심거).

쌍요품 9-18 선을 행하면 이승이나 저승에서도 기쁘니

이승에서 기쁨이 생기면 저승에서도 기뻐하게 되고, 선을 행하면 이승이나 저승에서도 기쁘답니다. 이승이나 저승에서도 기쁘니, 스스로 지은 복덕을 보고 있자니 마음이 편안해진답니다.

造喜後喜(조희후희), 行善兩喜(행선양희), 彼喜惟歡(피희유환), 見福心安(견복심안).

쌍요품 9-19 악행을 저지르면 이승이나 저승에서도 후회

이승에서 후회하면 저승에서도 후회하게 되고, 악행을 일삼으면 이승이나 저승에서도 후회하게 됩니다. 그러한 후회는 스스로를 재앙에 빠지게 하고, 죄업을 받아 극심한 고뇌를 낳는답니다.

今悔後悔(금회후회), 爲惡兩悔(위악양회), 厥爲自殃(궐위자앙), 受罪熱惱(수죄열뇌).

쌍요품 9-20 이승에서 기쁘면 저승에서도 기쁘다

이승에서 기쁘면 저승에서도 기쁘게 되고, 선을 행하면 이승이나 저승에서도 기쁩니다. 스스로를 돕기 때문에 복록을 받게 되니 기쁘고도 즐겁답니다.

今歡後歡(금환후환), 爲善兩歡(위선양환), 厥爲自祐(궐위자우), 受福悅豫(수복열예).

쌍요품 9-21 부처님의 제자라고 할 수 없는 사람

교묘하게 꾸민 말로 바라는 것이 많으면서도 방탕하여 계율도 지키지 않고, 음탕함과 분노와 어리석음에 빠져 지관(止觀: 마음을 고요히 하여 진리를 살피는 수행법)도 하지 않으니, 마치 무리 지어 모인 소떼와 같답니다. 그러니 부처님의 제자라고 할 수는 없습니다.

巧言多求(교언다구), 放蕩無戒(방탕무계), 懷婬怒癡(회음노치), 不惟止觀(불유지관), 聚如群牛(취여군우), 非佛弟子(비불제자).

쌍요품 9-22 부처님의 제자는 바로 이러한 사람

시의적절한 말로 요구하는 것은 적고 정법과 정도를 행하여, 음탕함이나 분노와 어리석음을 없애고, 올바름을 추구하고 그릇된 것에서 벗어나면 어떤 대상을 보아도 마음이 일어나지 않는답니다. 이러한 사람이 바로 부처님의 제자입니다.

時言少求(시언소구), 行道如法(행도여법), 除婬怒癡(제음노치), 覺正意解(각정의해), 見對不起(견대불기), 是佛弟子(시불제자).

제10장 방일품(放逸品)
올바른 도로써 어질게 살아갈 것을 권고함

방일품에서는, 계율을 인용하여 감각적 쾌락에 물드는 것을 경계하고 그릇됨을 막아 잘못됨을 단속하면서 올바른 도로써 어질게 살아갈 것을 권고하고 있답니다.

放逸品者(방일품자), 引律戒情(인률계정), 防邪撿失(방사검실), 以道勸賢(이도권현).

방일품 10-1 방탕함에 빠지는 것은 죽음으로 가는 지름길

계율을 지키는 것은 죽지 않는 불사의 감로주를 마시는 길이고, 제멋대로 방탕함에 빠지는 것은 죽음으로 가는 지름길입니다. 욕심내지 않으면 죽지 않고, 정도를 잃으면 스스로를 잃게 된답니다.

戒爲甘露道(계위감로도), 放逸爲死徑(방일위사경), 不貪則不死(불탐즉불사), 失道爲自喪(실도위자상).

방일품 10-2 정도를 체득하여 즐거움을 누려야

밝은 지혜로 정도를 잘 지켜가며 끝까지 방탕하지 않은 사람은, 욕심내지 않아 기쁨에 이르게 되고, 이에 따라 징도를 체득하여 즐거움을 누리게 됩니다.

慧智守道勝(혜지수도승), 終不爲放逸(종불위방일), 不貪致歡喜(불탐치환희), 從是得道樂(종시득도락).

방일품 10-3 부처님의 제도를 체득하니

항상 마땅히 정도를 유념하면서 스스로 강한 의지로 올바른 행동을 지켜가야 합니다. 굳세게 지켜낸 사람들은 부처님의 제도(濟度)를 체득하니, 길하고 상서롭기가 이보다 좋을 수는 없답니다.

常當惟念道(상당유념도), 自强守正行(자강수정행), 健者得度世(건자득도세), 吉祥無有上(길상무유상).

방일품 10-4 스스로 절제하여 정법에 따라 살아가면

언제나 올바른 생각으로 떨쳐 일어나 깨끗한 행위로 악을 다스려 없애야 합니다. 스스로 절제하여 정법에 따라 살아가면 이치에 어긋나지 않게 되어 훌륭한 명성이 날로 늘어난답니다.

正念常興起(정념상흥기), 行淨惡易滅(행정악역멸), 自制以法壽(자제이법수), 不犯善名增(불범선명증).

방일품 10-5 지혜로움으로 밝아질 수 있다면

수행에 분발하면서도 방탕함에 빠지지 않고 스스로 마음을 조

율하면서 단속해 나가야 합니다. 지혜로움으로 입정(入定: 선정禪定
에 들어가는 일)해 밝아질 수 있다면, 다시는 어두운 생사의 연못 속
으로 되돌아가지 않게 된답니다.

發行不放逸(발행불방일), 約以自調心(약이자조심), 慧能作定明(혜능작
정명), 不返冥淵中(불반명연중).

방일품 10-6 지혜로운 사람은 보물처럼 존중받는다

어리석은 사람은 마음을 깨닫기 어려워 탐욕스럽고 음란한 마음
으로 소송을 걸어 다투기를 좋아합니다. 지혜가 많은 사람은 늘 신
중하여 이러한 마음을 지킴으로써 보물과 같이 존중받게 됩니다.

愚人意難解(우인의난해), 貪亂好諍訟(탐란호쟁송), 上智常重慎(상지상
중신), 護斯爲寶尊(호사위보존).

방일품 10-7 생각이나 마음이 방탕하지 않아야

탐내지 않고 다투기를 좋아하지 않으면서 욕심 부리기를 좋아
하지 않아야 합니다. 생각이나 마음이 방탕하지 않으면 보다 큰
평안함을 얻을 수 있답니다.

莫貪莫好諍(막탐막호쟁), 亦莫嗜欲樂(역막기욕락), 思心不放逸(사심불
방일), 可以獲大安(가이획대안).

방일품 10-8 밝고 지혜로운 사람은 높은 산 위에서 어리석은 사람
들을 살피니

방탕했던 사람도 스스로 자제하면 이를 물리쳐 현명한 사람이

될 수 있답니다. 이미 지혜로운 사람은 높은 누각에 올라 위험을 물리치고 곧 평안하게 됩니다. 밝고 지혜로운 사람은 어리석은 사람들을 살피니, 비유하자면 높은 산과 땅 위에서 바라보는 것과 같답니다.

放逸如自禁(방일여자금), 能却之爲賢(능각지위현), 已昇智慧閣(이승지혜각), 去危爲即安(거위위즉안). 明智觀於愚(명지관어우), 譬如山與地(비여산여지).

방일품 10-9 혼란한 곳에 살아도 몸을 바르게 하면

혼란한 곳에 살아도 몸을 바르게 하면 사람들 사이에서 홀로 도리를 깨친 사람이라 합니다. 그의 힘이 사자보다 세니, 악을 버리고 큰 지혜를 이루게 됩니다.

居亂而身正(거란이신정), 彼爲獨覺悟(피위독각오), 是力過師子(시력과사자), 棄惡爲大智(기악위대지).

방일품 10-10 어리석음과 어둠에 덮여 있으니

졸음에 눈꺼풀이 산처럼 무겁게 내려앉고 어리석음과 어둠이 덮여 있으니, 편히 누워 있어도 고통마저 헤아리지 못합니다. 이 때문에 늘 태아가 배태된 것처럼 윤회를 벗어나지 못합니다.

睡眠重若山(수면중약산), 癡冥爲所弊(치명위소폐), 安臥不計苦(안와불계고), 是以常受胎(시이상수태).

방일품 10-11 방자하지 않으면 번뇌를 제압한다

한시라도 스스로 방자하지 않으면 번뇌를 제압하여 모두 없앨 수 있으나, 스스로 방자하면 악마인 마구니가 그 틈을 엿본답니다. 이는 마치 사자가 사슴을 노리는 것과도 같답니다.

不爲時自恣(불위시자자), 能制漏得盡(능제루득진), 自恣魔得便(자자마득편), 如師子搏鹿(여사자박록).

방일품 10-12 항상 자신의 마음을 잘 보호해야

스스로 방자하지 않을 수 있는 사람, 이는 곧 계율을 잘 지키는 비구랍니다. 저 바르고 깨끗하게 생각하는 사람은 항상 자신의 마음을 단속합니다.

能不自恣者(능부자자자), 是爲戒比丘(시위계비구), 彼思正淨者(피사정정자), 常當自護心(상당자호심).

방일품 10-13 제멋대로 행하면 근심과 허물이 많아진다

비구는 언행을 삼가고 몸가짐을 조심하면 즐겁지만 제멋대로 행하면 근심과 허물이 많아집니다. 작은 다툼이 큰 싸움으로 번지니, 그러한 악행이 쌓이게 되면 불꽃 속으로 빠지게 된답니다.

比丘謹慎樂(비구근신락), 放逸多憂愆(방일다우건), 變諍小致大(변쟁소치대), 積惡入火焰(적악입화염).

방일품 10-14 삼계의 번뇌를 끊게 되면

계율을 잘 지키면 좋은 복을 불러오고, 계율을 어기면 두려운 마음이 생깁니다. 욕계·색계·무색계라는 삼계(三界)의 번뇌를 끊으면 열반에 가까워집니다.

守戒福致善(수계복치선), 犯戒有懼心(범계유구심), 能斷三界漏(능단삼계루), 此乃近泥洹(차내근니원).

방일품 10-15 늘 입정에 들려고 생각해야

예전에 방탕했을지라도 이후에 자신을 절제할 수 있다면, 이러한 행위로 세상을 밝게 비출 수 있으니, 마땅히 늘 입정(入定)에 들려고 생각해야 합니다.

若前放逸(약전방일), 後能自禁(후능자금), 是炤世間(시소세간), 念定其宜(염정기의).

방일품 10-16 과거의 악행을 선행으로 덮을 수 있다면

잘못을 저질러 악행을 일삼았어도 선행으로 덮을 수 있다면, 선행으로 세상을 밝게 비출 수 있으니, 마땅히 늘 선행을 생각해야 합니다.

過失爲惡(과실위악), 追覆以善(추복이선), 是炤世間(시소세간), 念善其宜(염선기의).

방일품 10-17 구름이 걷히고 나타난 환한 달과 같이

젊은 나이에 출가하여 부처님의 가르침을 부지런히 수행하여 세상을 밝게 비출 수 있으니, 마치 구름이 걷히고 나타난 환한 달과 같습니다.

少壯捨家(소장사가), 盛修佛敎(성수불교), 是炤世間(시소세간), 如月雲消(여월운소).

방일품 10-18 예전에 악행을 일삼았더라도

사람이 예전에 악행을 일삼았어도 그 후에 그치고 나쁜 행동을 일삼지 않으면, 이러한 행위만으로도 세상을 밝게 비출 수 있으니, 마치 구름이 걷히고 나타난 환한 달과 같습니다.

人前爲惡(인전위악), 後止不犯(후지불범), 是炤世間(시소세간), 如月雲消(여월운소).

방일품 10-19 번뇌에 휩싸이거나 근심하지 않으려면

살면서 번뇌에 휩싸이지 않고 죽음에도 의연해지려면, 도를 굳건하게 깨달아 중도에 순응하면서 근심에 빠지지 않아야 합니다.

生不施惱(생불시뇌), 死而不慼(사이불척), 是見道悍(시견도한), 應中勿憂(응중물우).

방일품 10-20 방자한 마음을 버리고 악행을 멈추게 되면

혼탁하고 나쁜 법을 버리고 오로지 맑고 깨끗한 정법을 배우고 익혀야 합니다. 생사의 연못을 건너 돌아오지 말고 방자한 마음을 버리고 악행을 멈춰야 합니다. 다시는 쾌락에 물들지 않으면 욕망이 사라져 근심도 없어진답니다.

斷濁黑法(단탁흑법), 學惟淸白(학유청백), 度淵不反(도연불반), 棄猗行止(기의행지), 不復染樂(부복염낙), 欲斷無憂(욕단무우).

제11장 심의품(心意品)
세상의 모든 것을 만들어내는 마음의 정신작용

심의품에서는, 마음의 정신작용에 대해 설명하는데, 비록 텅 비어 형체는 없지만 이 세상의 모든 것을 만들어내면서도 다함이 없다는 점을 밝혔습니다.

心意品者(심의품자), 說意精神(설의정신), 雖空無形(수공무형), 造作無竭(조작무갈).

심의품 11-1 지혜로운 사람은 그 근본을 바르게 하니

마음을 개로 만들면 단속하기도 어렵고 금하기도 어렵습니다. 지혜로운 사람은 그 근본을 바르게 하니 그 광명이 더욱 커진답니다.

意使作狗(의사작구), 難護難禁(난호난금), 慧正其本(혜정기본), 其明乃大(기명내대).

심의품 11-2 자신을 조율하면 편안해진다

마음은 경솔하게 날뛰어 붙잡기도 어렵고 욕망을 따라 움직입니다. 마음을 제어하여 선행을 하도록 자신을 조율하면 편안해집니다.

輕躁難持(경조난지), 唯欲是從(유욕시종), 制意爲善(제의위선), 自調則寧(자조즉녕).

심의품 11-3 제 몸을 단속하고 지킬 수 있다면

마음은 미묘하여 바라보기 어렵고 욕망을 따라 움직인답니다. 그러니 항상 지혜롭게 제 몸을 단속하고 잘 지킬 수 있다면 곧 편안해집니다.

意微難見(의미난견), 隨欲而行(수욕이행), 慧常自護(혜상자호), 能守即安(능수즉안).

심의품 11-4 마구니의 속박에서 벗어나려면

멀리 홀로 가는, 숨어 있어 형체도 없는, 마음을 덜어내 도에 가까워지면 마구니의 속박에서 이내 벗어날 수 있답니다.

獨行遠逝(독행원서), 覆藏無形(복장무형), 損意近道(손의근도), 魔繫乃解(마계내해).

심의품 11-5 마음을 멈추어 쉴 줄도 모르고 정법도 알지 못하면

마음을 멈추어 쉴 줄도 모르고 정법도 알지 못하면, 세상일에 미혹되어 사리판단이 흐려져 올바른 지혜도 있을 수 없답니다.

心無住息(심무주식), 亦不知法(역부지법), 迷於世事(미어세사), 無有正智(무유정지).

심의품 11-6 복을 지으면 악을 막을 수 있으니

생각은 한곳에 머물지 않고 끊이지 않고 광대무변하답니다. 복을 지으면 악을 막을 수 있으니 이를 깨달은 사람은 현명하게 살아갈 수 있답니다.

念無適止(염무적지), 不絕無邊(부절무변), 福能遏惡(복능알악), 覺者爲賢(각자위현).

심의품 11-7 제멋대로 치달리는 마음을 따르지 말라

부처님께서는 마음을 쓰는 법을 말씀하셨는데, 비록 미묘하여 참되지 않더라도 마땅히 방탕한 마음을 깨달아 제멋대로 치달리는 마음을 따르지 말라 하셨답니다.

佛說心法(불설심법), 雖微非眞(수미비진), 當覺逸意(당각일의), 莫隨放心(막수방심).

심의품 11-8 괴로운 인연은 끊어 없애버려야

정법을 보면 가장 편안해지고 원하는 것을 이룰 수 있답니다. 지혜로운 사람은 미묘한 마음을 잘 보호하여 괴로운 인연을 끊어 없애버린답니다.

見法最安(견법최안), 所願得成(소원득성), 慧護微意(혜호미의), 斷苦因緣(단고인연).

심의품 11-9 잠시 의지하여 머무는 이 몸을 위해 무엇을 탐하겠는가

몸은 머지않아 모두가 당연하게도 흙으로 돌아가 형체는 무너지고 정신도 떠나갑니다. 그러니 잠시 의지하여 머무는 이 몸을 위해 무엇을 탐하겠습니까?

有身不久(유신불구), 皆當歸土(개당귀토), 形壞神去(형괴신거), 寄住何貪(기주하탐)?

심의품 11-10 그릇되고 치우친 생각이 많다 보면

마음이 미리 만들어 놓은 곳들을 끝없이 오가면서 그릇되고 치우친 생각이 많다 보면, 스스로 악을 부르게 됩니다.

心豫造處(심예조처), 往來無端(왕래무단), 念多邪僻(염다사벽), 自爲招惡(자위초악).

심의품 11-11 올바른 데 힘쓸 수 있으면

이러한 마음은 스스로 만든 것이지 부모님이 만든 것이 아니랍니다. 올바른 데 힘쓸 수 있으면 복덕을 쌓되 돌이키지 말아야 합니다.

是意自造(시의자조), 非父母爲(비부모위), 可勉向正(가면향정), 爲福勿回(위복물회).

심의품 11-12 악마와 싸워 물리쳐 이길 수 있으면

눈·코·귀·혀·몸·의지인 육근(六根)을 거북이처럼 감추면서 마음을 성과 같이 방어하고, 지혜로써 악마와 싸워 이길 수 있으면 근심은 사라진답니다.

藏六如龜(장육여구), 防意如城(방의여성), 慧與魔戰(혜여마전), 勝則
無患(승즉무환).

제12장 화향품(華香品)

꽃을 피워 열매를 맺듯 거짓을 진실로 되돌려야 함

화향품에서는, 배우고 익혀 마땅히 실행할 것을 밝히니, 꽃을 피워 열매를 맺는 것을 볼 수 있듯이 거짓을 진실로 되돌려야 한다는 것을 말씀하고 있습니다.

華香品者(화향품자), 明學當行(명학당행), 因華見實(인화견실), 使偽反眞(사위반진).

화향품 12-1 어느 누가 진리의 말씀을 가려낼 수 있을까?

누가 땅을 가려 선택할 수 있으며 분별의 거울을 버리고 천계를 취하려 하겠습니까? 어느 누가 부처님의 진리의 말씀인 법구를 설명하면서 아름다운 꽃을 고르듯이 할 수 있을까요?

孰能擇地(숙능택지), 捨鑑取天(사감취천)? 誰說法句(수설법구), 如擇善華(여택선화)?

화향품 12-2 부처님의 말씀인 법구를 잘 설명하다 보면

진리를 배우는 사람은 진실한 땅을 택하여 지옥을 버리고 하늘로 나아갑니다. 부처님의 말씀인 법구를 잘 설명하다 보면, 좋은 꽃만 가려 꺾듯 할 수 있답니다.

學者擇地(학자택지), 捨鑑取天(사감취천), 善說法句(선설법구), 能採德華(능채덕화).

화향품 12-3 몸이 물거품처럼 허무하다는 것을 알면

이 세상의 모든 것들이 질그릇과 같고 허깨비와 같은 술법이 있다는 것을 알면, 마구니의 꽃이 피어나는 것을 꺾어버리고 생사의 경계를 벗어날 수 있답니다.

知世坏喻(지세배유), 幻法忽有(환법홀유), 斷魔華敷(단마화부), 不覩生死(부도생사).

화향품 12-4 사람들의 눈을 속이는 환법도 자연스러운 것

몸이 물거품과 같고 모든 일이 허깨비와 같다는 것을 알면, 마구니의 꽃들이 피어나는 것을 꺾어버리고 생사의 경계를 벗어날 수 있답니다.

見身如沫(견신여말), 幻法自然(환법자연), 斷魔華敷(단마화부), 不覩生死(부도생사).

화향품 12-5 몸이 병들고 야위는 것은 시들어 떨어지는 꽃과도 같다

몸이 병들고 야위는 것은 시들어 떨어지는 꽃과도 같답니다. 죽을 운명이 찾아오는 것은 마치 여울물이 휘몰아치는 것과 같답니다.

身病則萎(신병즉위), 若華零落(약화령락), 死命來至(사명래지), 如水湍
驟(여수단취).

화향품 12-6 사악하게 모은 재물은 스스로를 침범하고 속인다

탐욕스러운 욕심을 버리지 않으면 생각이 어지러워집니다. 사
악하게 모은 재물은 스스로를 침범하고 속이게 됩니다.

貪欲無厭(탐욕무염), 消散人念(소산인념), 邪致之財(사치지재), 爲自侵
欺(위자침기).

화향품 12-7 꽃을 해치지 않고 꿀만 먹고 가는 벌처럼

꽃들에 날아든 벌이 꽃과 향기를 어지럽히지 않고 꿀만 먹고 날
아가는 것처럼, 어진 사람은 마을에 들어가서도 그렇게 한답니다.

如蜂集華(여봉집화), 不嬈色香(불요색향), 但取味去(단취미거), 仁入聚
然(인입취연).

화향품 12-8 자신을 성찰하여 옳고 그른지를 알아야

남을 살피는 데만 애쓰지 말고 무엇을 하든 항상 스스로 자신을
성찰하고 반성하여, 옳고 그른지를 알아야 합니다.

不務觀彼(불무관피), 作與不作(작여부작), 常自省身(상자성신), 知正不
正(지정부정).

화향품 12-9 실행하지 않으면 어떤 이득도 얻을 수 없다

아름다운 꽃이 색깔은 좋으나 향기가 없는 것처럼 아무리 좋고 아름다운 말도 행하지 않으면 얻어지는 것이 없습니다.

如可意華(여가의화), 色好無香(색호무향), 工語如是(공어여시), 不行無得(불행무득).

화향품 12-10 자신의 행위에 따른 복을 받게 된다

아름다운 꽃이 빛깔도 곱고 향기 또한 좋은 것처럼 아름다운 말을 바르게 행하면 반드시 복록을 받게 됩니다.

如可意華(여가의화), 色美且香(색미차향), 工語有行(공어유행), 必得其福(필득기복).

화향품 12-11 공덕을 널리 쌓아야 후세도 좋아진다

아름다운 꽃을 많이 모으면 꽃다발을 만들 수 있듯이 공덕을 널리 쌓은 사람은 후세에 복덕을 받게 됩니다.

多作寶花(다작보화), 結步搖綺(결보요기), 廣積德者(광적덕자), 所生轉好(소생전호).

화향품 12-12 덕의 향기는 바람을 거슬러 그 향기가 두루 퍼지니

진기한 풀과 아름다운 꽃들도 바람을 거슬러 향기를 풍기지 못합니다. 덕의 향기는 바람을 거슬러 그 향기가 두루 퍼집니다.

奇草芳花(기초방화), 不逆風熏(불역풍훈), 近道敷開(근도부개), 德人逼香(덕인핍향).

화향품 12-13 계율대로 행하는 사람의 향기가 가장 뛰어나다

향나무의 짙은 향기나 푸른 연꽃의 고운 향기가 아름답기는 하지만 계율대로 행하는 사람의 향기만은 못하답니다.

旃檀多香(전단다향), 青蓮芳花(청련방화), 雖曰是眞(수왈시진), 不如戒香(불여계향).

화향품 12-14 계율대로 행하는 사람의 향기는 천상에 가더라도 이어진다

아름다운 꽃향기는 이내 사라지니 그것이 진짜라고 말할 수 없습니다. 계율대로 행하는 사람의 향기는 천상에 가더라도 이어진답니다.

華香氣微(화향기미), 不可謂眞(불가위진), 持戒之香(지계지향), 到天殊勝(도천수승).

화향품 12-15 계율을 잘 지켜 깨달음을 이루고 언행이 방탕하지 않으면

계율을 잘 지켜 깨달음을 이루고 언행이 방탕하지 않으면, 올바른 마음으로 해탈에 이르러 영원히 악마의 길에서 벗어나게 된답니다.

戒具成就(계구성취), 行無放逸(행무방일), 定意度脫(정의도탈), 長離魔道(장리마도).

화향품 12-16 큰길가 밭도랑의 진흙 속에서 연꽃이 피어나면

큰길가 밭도랑의 진흙 속에서 아름다운 연꽃이 피어나면 꽃다운 향기를 피웁니다.

如作田溝(여작전구), 近于大道(근우대도), 中生蓮華(중생연화), 香潔可意(향결가의).

화향품 12-17 어둠 속을 헤매는 중생들 사이에서

우리네 삶과 죽음도 그러하여 어둠 속을 헤매는 중생들 사이에서도, 지혜를 갖춘 사람들이 즐거이 나타나 부처님의 제자가 될 수 있답니다.

有生死然(유생사연), 凡夫處邊(범부처변), 慧者樂出(혜자낙출), 爲佛弟子(위불제자).

제13장 우암품(愚闇品)
어리석음을 일깨우기 위해 밝음이 무엇인지 알게 함

우암품에서는, 어리석음을 일깨우기 위해 일부러 그 모습을 보여주어 밝음이 무엇인지 알려주시는 말씀이 펼쳐집니다.

愚闇品者(우암품자), 將以開曚(장이개몽), 故陳其態(고진기태), 欲使闚明(욕사규명).

우암품 13-1 정법을 모르니 생사의 길은 멀고도 멀어

잠 못 이루는 사람에게 밤은 길고, 지치고 피곤한 사람에게 길은 더욱 멀답니다. 어리석은 사람에게 생사의 길은 길고도 머니, 정법을 알지 못하기 때문이랍니다.

不寐夜長(불매야장), 疲惓道長(피권도장), 愚生死長(우생사장), 莫知正法(막지정법).

우암품 13-2 어리석은 사람과는 어울리지 말고 홀로 가야

마음이 어리석은 사람은 늘 어둠에 휩싸여 시냇물처럼 더디 흘러가니, 차라리 혼자일지언정 굳세게 나아가야지 외롭다 하여 그런 사람과 어울리면 안 된답니다.

癡意常冥(치의상명), 逝如流川(서어류천), 在一行彊(재일행강), 獨而無偶(독이무우).

우암품 13-3 어리석은 사람과 어울려 살다 괴로워지면

어리석은 사람과 어울리다 보면 근심하고 슬퍼할 날이 길어집니다. 어리석은 사람과 어울려 살다가 괴로워지면 오히려 나 자신을 원망하게 된답니다.

愚人着數(우인착수), 憂慼久長(우척구장), 與愚居苦(여우거고), 於我猶怨(어아유원).

우암품 13-4 어찌하여 자식과 재산에 집착하는가?

자식이 있고 재산이 있으면 어리석은 사람은 그것만을 생각하는 데 급급합니다. 내 몸뚱이가 내 것이 아닌데도 어찌하여 자식과 재산에 집착해 걱정한단 말입니까?

有子有財(유자유재), 愚惟汲汲(우유급급), 我且非我(아차비아), 何憂子財(하우자재)?

우암품 13-5 어리석은 사람은 다가올 변화를 알지 못한다

더우면 당연히 이러한 곳에 머물러야 하며 추우면 이러한 곳에 머물러야 한다며, 어리석은 사람은 이런저런 생각에 휩싸인 채 다가올 변화를 알지 못한답니다.

暑當止此(서당지차), 寒當止此(한당지차), 愚多務慮(우다무려), 莫知來變(막지래변).

우암품 13-6 지극히 어리석은 사람은 자신이 지혜롭다고 말한다

무지몽매하여 지극히 어리석은 사람은 자신이 지혜롭다고 말합니다. 어리석으면서도 뛰어난 지혜를 지니고 있다고 말하니, 이러한 자를 일러 지극히 어리석은 사람이라고 한답니다.

愚矇愚極(우몽우극), 自謂我智(자위아지), 愚而勝智(우이승지), 是謂極愚(시위극우).

우암품 13-7 완고하면서도 어리석은 사람이 지혜로운 사람을 가까이하는 것은

완고하면서도 어리석은 사람이 지혜로운 사람을 가까이하는 것은 표주박에 담긴 음식을 맛보지 않고 짐작하는 것과 같습니다. 오랫동안 가까이하면서 익히더라도 도리를 알지 못하는 것과 같답니다.

頑闇近智(완암근지), 如瓢斟味(여표짐미), 雖久狎習(수구압습), 猶不知法(유부지법).

우암품 13-8 막힘없이 통달한 사람이 지혜로운 사람을 가까이하는 것은

막힘없이 통달한 사람이 지혜로운 사람을 가까이하는 것은 혀로 맛을 보는 것과 같답니다. 비록 잠깐 익히더라도 곧바로 도의 요체를 깨닫는답니다.

開達近智(개달근지), 如舌嘗味(여설상미), 雖須臾習(수수유습), 即解道要(즉해도요).

우암품 13-9 어리석은 사람이 베풀려고 하는 행동은

어리석은 사람이 베풀려고 하는 행동은 자신에게 우환을 불러들이게 됩니다. 거리낌 없이 악행을 저질러 스스로 재앙을 일으킨답니다.

愚人施行(우인시행), 爲身招患(위신초환), 快心作惡(쾌심작악), 自致重殃(자치중앙).

우암품 13-10 눈물을 흘리는 것은 과거의 묵은 악습 때문

행위가 선하지 않으면 나중에 후회하면서 인색해집니다. 얼굴에 눈물을 흘리는 것은 과거의 묵은 악습 때문입니다.

行爲不善(행위불선), 退見悔悋(퇴견회린), 致涕流面(치체류면), 報由宿習(보유숙습).

우암품 13-11 행동이 덕스럽고 착하면 훗날 즐겁고도 기쁘며

행동이 덕스럽고 착하면 훗날 즐겁고도 기쁘며, 응당 복을 받게되니 즐거이 미소 지으며 기뻐하는 것은 좋은 습관 덕분입니다.

行爲德善(행위덕선), 進覩歡喜(진도환희), 應來受福(응래수복), 喜笑悅習(희소열습).

우암품 13-12 죄가 무르익으면 스스로 큰 죗값을 받게 된다

과거의 죄가 크지 않다고 여기는 어리석은 사람은 담담하고 편안하지만, 그 죄가 무르익으면 스스로 큰 죗값을 받게 됩니다.

過罪未熟(과죄미숙), 愚以恬惔(우이념담), 至其熟處(지기숙처), 自受大罪(자수대죄).

우암품 13-13 재액이 떨어지는 곳에 이르러서야

어리석은 사람은 자신이 가는 길이 고통으로 가는 길이 아니라고 말하지만, 재앙의 땅에 떨어지고 나서야 마침내 좋지 않은 길이었음을 알게 된답니다.

愚所望處(우소망처), 不謂適苦(불위적고), 臨墮厄地(임타액지), 乃知不善(내지불선).

우암품 13-14 어리석고 아둔한 사람은 악행을 저지르고도 스스로 해결할 수 없다

어리석고 아둔한 사람은 악행을 저지르고도 스스로 해결할 수 없답니다. 재앙이 쫓아와 자신을 불태우고, 죄악은 더욱더 맹렬하게 불타오른답니다.

愚憃作惡(우창작악), 不能自解(불능자해), 殃追自焚(앙추자분), 罪成熾燃(죄성치연).

우암품 13-15 어리석은 사람은 맛있는 음식을 좋아한다

어리석은 사람은 맛있는 음식을 좋아하는 것이 다달이 더욱 심해지니, 열여섯 번 중에서 한 번도 도리를 생각하지도 않는답니다.

愚好美食(우호미식), 月月滋甚(월월자심), 於十六分(어십육분), 未一思法(미일사법).

우암품 13-16 어리석은 사람은 칼이나 몽둥이를 불러들이니

어리석은 사람에게 걱정하는 마음이 생기면 끝내 이로울 게 없답니다. 스스로 칼이나 몽둥이를 불러들이니 그 과보가 도장을 찍듯 생긴답니다.

愚生念慮(우생념려), 至終無利(지종무리), 自招刀杖(자초도장), 報有印章(보유인장).

우암품 13-17 사는 곳을 살펴보면 그 어리석음을 알 수 있다

그 행실을 살펴보면 그 어리석음을 알 수 있습니다. 베풀지도 않고 많이 얻으려고만 하니, 도와 지혜마저 없는 곳에 떨어져 종종 나쁜 짓만 저지르게 된답니다.

觀處知其愚(관처지기우), 不施而廣求(불시이광구), 所墮無道智(소타무도지), 往往有惡行(왕왕유악행).

우암품 13-18 도를 멀리하고 탐욕을 가까이하는 사람은

도를 멀리하고 탐욕을 가까이하는 사람은 먹는 것만 추구하고 명예를 위해 배웁니다. 함께 사는 가족들 때문에 더욱 탐내며, 다른 집안까지도 보살핀다며 더 많이 얻으려 합니다.

遠道近欲者(원도근욕자), 爲食在學名(위식재학명), 貪猗家居故(탐의가거고), 多取供異姓(다취공이성).

우암품 13-19 두 가지 욕망에 사로잡히지 말아야

배움의 길에서 두 가지 욕망에 사로잡히지 말아야 합니다. 수행자 사문들은 일가를 이루지 말아야 하며, 세속의 집을 탐하는 것도 참되고 성스러운 가르침에서 어긋나니, 훗날 스스로 더욱 부족한 사람이 된답니다.

學莫墮二望(학막타이망), 莫作家沙門(막작가사문), 貪家違聖教(탐가위성교), 爲後自匱乏(위후자궤핍).

우암품 13-20 욕심과 어리석은 행위는 욕심과 교만을 키울 뿐

이러한 행위는 어리석은 것이라서 욕심과 교만을 키웁니다. 얻으려는 바와도 어긋나고 도를 얻으려는 뜻에도 어긋나는 것입니다.

此行與愚同(차행여우동), 但令欲慢增(단령욕만증), 利求之願異(이구지원이), 求道意亦異(구도의역이).

우암품 13-21 지혜로운 사람은 생사의 굴레인 윤회에서 벗어난다

그러므로 지혜로운 사람은 출가하여 부처님의 제자가 되어, 애욕을 버리고 세상의 습속마저 버려 마침내 생사의 굴레인 윤회에서 벗어난답니다.

是以有識者(시이유식자), 出爲佛弟子(출위불제자), 棄愛捨世習(기애사세습), 終不墮生死(종불타생사).

제14장 명철품(明哲品)

지혜로운 사람은 정법을 자신의 밝은 거울로 삼음

명철품에서는, 지혜로움을 받들어 수행하는 사람은 복덕을 닦고 정도를 열심히 수행하면서 정법을 자신을 비추는 밝은 거울로 삼는다는 점을 설명하고 있습니다.

明哲品者(명철품자), 擧智行者(거지행자), 修福進道(수복진도), 法爲明鏡(법위명경).

명철품 14-1 두려워하면서 범하지 않으면 길하면서도 걱정이 없어진다

착함과 악함을 깊이 살펴 마음으로 두려워하고 꺼려야 할 것을 알아내, 두려워하여 범하지 않으면 마침내는 길하면서도 걱정이 없어진답니다.

深觀善惡(심관선악), 心知畏忌(심지외기), 畏而不犯(외이불범), 終吉無憂(종길무우).

명철품 14-2 마음속의 생각을 행동으로 옮기면 바라는 것을 이룬다

그러므로 세상에는 복덕이 있으니 마음속의 생각을 행동으로 옮기면, 각자가 바라는 것을 잘 이루고 그 복록은 갈수록 늘게 된답니다.

故世有福(고세유복), 念思紹行(염사소행), 善致其願(선치기원), 福祿轉勝(복록전승).

명철품 14-3 선행은 세월이 지나면 반드시 빛나게 된다

믿음이 좋으면 복을 짓고, 그러한 행위가 쌓이는 것을 싫어하지 않아야 합니다. 믿음으로 남모르게 음덕이 쌓인 것을 알게 되면, 세월이 쌓이면서 반드시 빛나게 된답니다.

信善作福(신선작복), 積行不厭(적행불염), 信知陰德(신지음덕), 久而必彰(구이필창).

명철품 14-4 현명한 사람을 벗으로 삼고 자기보다 훌륭한 이를 따라야

항상 의롭지 않은 사람을 피하고 어리석은 사람과는 멀리해야 합니다. 현명한 사람을 벗으로 삼아 따르고 자기보다 훌륭한 사람을 따라야 합니다.

常避無義(상피무의), 不親愚人(불친우인), 思從賢友(사종현우), 押附上士(압부상사).

명철품 14-5 정법을 좋아하면 누운 듯 편안하고

정법을 좋아하면 누운 듯 편안하고, 마음은 즐겁고 생각은 더욱 맑아진답니다. 성인께서 널리 펼치신 법이니, 항상 지혜롭고 즐겁게 행해야 한답니다.

喜法臥安(희법와안), 心悅意淸(심열의청), 聖人演法(성인연법), 慧常樂行(혜상낙행).

명철품 14-6 몸과 마음을 재계하고 정도를 받들어야

어진 사람과 지혜로운 사람은 몸과 마음을 깨끗이 재계하고 정도를 받든답니다. 그리하여 수많은 별들 속에서 환하게 빛나는 달처럼 세상을 밝게 비춘답니다.

仁人智者(인인지자), 齋戒奉道(재계봉도), 如星中月(여성중월), 照明世間(조명세간).

명철품 14-7 지혜로운 사람은 자신을 조율한다

활을 만드는 장인은 동물의 뿔을 다듬고, 뱃사공은 배를 살펴 수리하며, 재목을 다루는 목수는 좋은 나무를 고르고, 지혜로운 사람은 자신을 조율한답니다.

弓工調角(궁공조각), 水人調船(수인조선), 材匠調木(재장조목), 智者調身(지자조신).

명철품 14-8 비방이나 칭찬에도 마음이 흔들리지 않아야

비유하자면 큰 바위는 태풍에도 움직이지 않으며, 지혜로운 사람은 의지가 굳건해 비방이나 칭찬에도 마음이 흔들리지 않는답니다.

譬如厚石(비여후석), 風不能移(풍불능이), 智者意重(지자의중), 毁譽不傾(훼예불경).

명철품 14-9 지혜로운 사람은 정도를 받아들여 마음이 맑고 늘 즐겁고 기쁘다

비유하자면 깊은 연못이 맑고 고요하면서 깨끗한 것처럼, 지혜로운 사람은 정도를 받아들여 마음이 맑고 늘 즐겁고 기쁩니다.

譬如深淵(비여심연), 澄靜淸明(징정청명), 慧人聞道(혜인문도), 心淨歡然(심정환연).

명철품 14-10 큰 사람은 머무는 곳마다 밝고 환하게 비춘다

큰 사람은 욕심을 버려서 머무는 곳마다 밝고 환하게 비춘답니다. 혹여 괴롭거나 즐거운 일이 생기더라도 자신의 지혜를 드러내지도 않는답니다.

大人體無欲(대인체무욕), 在所照然明(재소조연명), 雖或遭苦樂(수혹조고락), 不高現其智(불고현기지).

명철품 14-11 현인은 재물이나 지위 따위는 탐내지 않는다

큰 현인은 세속의 일에 마음을 두지 않아 자손과 재물이나 벼슬자리를 바라지도 않는답니다. 항상 계율과 지혜와 도리를 지키면서 그릇되게 얻은 재물이나 지위 따위는 탐내지도 않는답니다.

大賢無世事(대현무세사), 不願子財國(불원자재국), 常守戒慧道(상수계혜도), 不貪邪富貴(불탐사부귀).

명철품 14-12 의지가 강하지 않으면 쉽게 물들어 버린다

지혜로운 사람은 누구나 쉽게 동요됨을 압니다. 비유하자면 모래밭에 심은 나무처럼 주위에 쉽게 동요되어서 본연의 색을 잃고 그 바탕까지 물들어 버린답니다. 색깔에 따라 그 바탕이 물들어 버린다는 것도 안답니다.

智人知動搖(지인지동요), 譬如沙中樹(비여사중수), 朋友志未強(붕우지미강), 隨色染其素(수색염기소).

명철품 14-13 생사의 연못에 빠져들지만 피안으로 다가가는 사람은 드물다

세상 사람들 모두가 생사의 연못에 빠져들지만 저 피안으로 다가가는 사람은 아주 드물답니다. 혹여 그러한 사람이 있을지라도 건너려는 욕심에 서두르다 헤맬 뿐이랍니다.

世皆沒淵(세개몰연), 鮮尅度岸(선극도안), 如或有人(여혹유인), 欲度必奔(욕도필분).

명철품 14-14 진실로 도를 바라는 사람은

진실로 도를 바라는 사람은 부처님의 올바른 가르침을 받아들여야 합니다. 이러한 사람만이 피안의 세계에 가까이 다가가 죽음을 벗어나 최상이 된답니다.

誠貪道者(성탐도자), 覽受正教(임수정교), 此近彼岸(차근피안), 脫死 爲上(탈사위상).

명철품 14-15 고요한 사색으로 지혜를 얻으면

육신의 오음(五陰: 생멸·변화하는 모든 것을 구성하는 다섯 요소. 물질인 색온色蘊, 감각 인상인 수온受蘊, 지각 또는 표상인 상온想蘊, 마음의 작용인 행온行蘊, 마음인 식온識蘊을 이른다.)에 대한 집착을 끊어버리고, 고요 한 사색으로 지혜를 얻으면 다시는 생사의 연못으로 되돌아가지 않으니, 의존하던 것들에서 벗어나 환하게 밝아진답니다.

斷五陰法(단오음법), 靜思智慧(정사지혜), 不反入淵(불반입연), 棄猗其 明(기의기명).

명철품 14-16 무위의 경지에 이르면 스스로를 구제할 수 있으니

온갖 욕망을 억제하고 쾌락마저 끊어버리고, 무위의 경지에 이 르면 스스로를 구제할 수 있으니, 올바른 뜻을 따라야 지혜롭게 됩니다.

抑制情欲(억제정욕), 絕樂無爲(절락무위), 能自拯濟(능자증제), 使意爲 慧(사의위혜).

명철품 14-17 열반의 경지에 이르려면

올바른 지혜를 배우고 얻어 오직 정도에만 뜻을 두고 한결같은 마음으로 진리를 받아들여야 합니다. 욕심을 일으키지 않는 것을 즐거움으로 삼으면 번뇌와 나쁜 습관이 사라져, 세상을 초월해 열반의 경지에 이른답니다.

　學取正智(학취정지), 意惟正道(의유정도), 一心受諦(일심수체), 不起爲

樂(불기위락), 漏盡習除(누진습제), 是得度世(시득도세).

제15장 나한품(羅漢品)

진리를 깨달은 사람은 욕심을 버리고 집착하지도 않음

나한품에서는, 진리를 깨달은 사람의 성품을 말하고 있는데, 욕심을 버리고 집착하지도 않으니 마음이 흔들리지 않는다고 합니다.

羅漢品者(나한품자), 言眞人性(언진인성), 脫欲無着(탈욕무착), 心不渝變(심불투변).

나한품 15-1 얽매인 것들에서 벗어났으니

근심과 걱정을 버리니 모든 것으로부터 벗어났답니다. 얽매인 것들에서 이미 벗어났으니 그 마음이 청정하기 그지없습니다.

去離憂患(거리우환), 脫於一切(탈어일절), 縛結已解(박결이해), 冷而無煖(냉이무난).

나한품 15-2 마음을 맑게 하고 생각에 빠지니

마음을 맑게 하고 생각에 빠지니 탐내고 즐길 것이 없답니다. 이미 어리석음의 연못을 건넜으니, 기러기가 노닐던 연못을 버리고 떠난 것과도 같답니다.

心淨得念(심정득념), 無所貪樂(무소탐락), 已度癡淵(이도치연), 如鴈棄池(여안기시).

나한품 15-3 마음을 텅 비우고 중생 제도를 위해 돌아다니니

뱃속을 헤아려 적게 먹으니 저장하거나 쌓아둘 곳도 필요 없습니다. 마음을 텅 비우고 아무 상념도 없이 중생을 제도하기 위해 여러 곳들을 돌아다닐 뿐이랍니다.

量腹而食(양복이식), 無所藏積(무소장적), 心空無想(심공무상), 度衆行地(도중행지).

나한품 15-4 세상의 관습을 저버리면 음식에 연연하지 않는다

허공을 나는 새처럼 저 멀리 날아가니 거치적거리는 장애물도 없답니다. 세상의 관습을 저버리면 다시는 음식에 연연하지 않게 된답니다.

如空中鳥(여공중조), 遠逝無礙(원서무애), 世間習盡(세간습진), 不復仰食(불복앙식).

나한품 15-5 마음을 텅 비우면 해탈의 경지에 이른다

마음을 텅 비우면 근심이 사라져 이내 해탈의 경지에 이른답니다. 하늘을 나는 새가 잠시 내려앉았다가 문득 떠나버리는 것과도 같답니다.

虛心無患(허심무환), 已到脫處(이도탈처), 譬如飛鳥(비여비조), 暫下

輒逝(잡하첩서).

나한품 15-6 교만하고 게으른 습관을 버리면 하늘마저 우러러보게 된다

모든 감각기관인 육근을 제어하니 그것들을 멈추고 길들이는 것이 마치 말을 조련하는 것과 같답니다. 교만하고 게으른 습관을 버리면 하늘(天神)마저도 우러러보게 된답니다.

制根從止(제근종지), 如馬調御(여마조어), 捨憍慢習(사교만습), 爲天所敬(위천소경).

나한품 15-7 대지처럼 성내지 않고 산처럼 요동치지도 않아

대지처럼 성내지 않고 산처럼 요동치지도 않는답니다. 진리를 깨달은 사람은 세속에 물들지 않고 생사에 연연하지 않는답니다.

不怒如地(불노여지), 不動如山(부동여산), 眞人無垢(진인무구), 生死世絕(생사세절).

나한품 15-8 마음이 고요하고 편안하면 말과 행동도 바르게 된다

마음이 이미 고요하고 편안하면 말과 행동도 올바르게 된답니다. 올바름을 좇아 해탈하면 고요하고 맑아져 열반의 경지에 이릅니다.

心已休息(심이휴식), 言行亦止(언행역지), 從正解脫(종정해탈), 寂然歸滅(적연귀멸).

나한품 15-9 최상의 도인이란

탐욕도 버리고 집착하는 마음도 없으니 삼계(욕계慾界·색계色界·무색계無色界)의 장애를 벗어나 욕망마저 버렸으니, 이러한 사람을 일러 최상의 도인이라 한답니다.

棄欲無着(기욕무착), 缺三界障(결삼계장), 望意已絕(망의이절), 是謂上人(시위상인).

나한품 15-10 진리를 깨달은 사람이 지나가는 곳마다 은혜를 받지 않은 이들이 없다

마을에 있든 들판에 있든 평지에 있든 높은 언덕에 있든, 진리를 깨달은 사람이 지나가는 곳마다 은혜를 받지 않은 이들이 없답니다.

在聚若野(재취약야), 平地高岸(평지고안), 應眞所過(응진소과), 莫不蒙祐(막불몽우).

나한품 15-11 진리를 깨달은 사람은 그 어떤 욕심도 구하지 않는다

진리를 깨달은 사람은 고요하고 한가로운 곳에 머물기를 좋아합니다. 세상 사람들은 노닐 수도 없는 그곳에서 더 이상 바라는 것도 없이 즐긴답니다. 그 어떤 욕심도 구하지 않습니다.

彼樂空閑(피락공한), 衆人不能(중인불능), 快哉無望(쾌재무망), 無所欲求(무소욕구).

제16장 술천품(述千品)

배우는 사람은 핵심을 명확하게 밝힌 것을 봐야 함

술천품에서는, 배우는 사람이 보는 경전은 내용이 많아서 핵심이 없는 것보다는 간결하고 명확하게 밝힌 것이 낫다는 것을 일깨우고 있습니다.

述千品者(술천품자), 示學者經(시학자경), 多而不要(다이불요), 不如約明(불여약명).

술천품 16-1 천 마디의 말씀을 외워도 그 뜻이 올바르지 않다면

비록 천 마디의 말씀을 외워도 그 뜻이 올바르지 않다면, 들어서 마음에서 일어나는 잡념을 없앨 수 있는 한마디의 말씀이 훨씬 낫습니다.

雖誦千言(수송천언), 句義不正(구의부정), 不如一要(불여일요), 聞可滅意(문가멸의).

술천품 16-2 천 마디의 말씀을 외워도 올바른 이치가 아니라면

비록 천 마디의 말씀을 외워도 올바른 이치가 아니라면 무슨 소용이 있겠습니까? 듣고 실행하여 피안으로 건널 수 있는 한마디의 의미 있는 글귀가 훨씬 낫답니다.

雖誦千言(수송천언), 不義何益(불의하익)? 不如一義(불여일의), 聞行可度(문행가도).

술천품 16-3 많은 경전을 외워도 이해하지 못한다면

비록 많은 경전을 외워도 이해하지 못한다면 무슨 소용이 있겠습니까? 이해할 수 있는 한마디가 정도를 체득하여 실행할 수 있게 한답니다.

雖多誦經(수다송경), 不解何益(불해하익)? 解一法句(해일법구), 行可得道(행가득도).

술천품 16-4 자신과 싸워 이기는 사람이 최고

수천 명이나 되는 적과 혼자 싸워 이기는 것이 자신과 싸워 이기는 것만 못하니, 이런 사람이야말로 최고의 전사랍니다.

千千爲敵(천천위적), 一夫勝之(일부승지), 未若自勝(미약자승), 爲戰中上(위전중상).

술천품 16-5 자신을 이기는 사람이 가장 현명하다

자신을 이기는 사람이 가장 현명하기 때문에 그러한 이를 영웅이라 한답니다. 자신의 마음을 보호하며 다스리고 몸을 조율하면서 마지막까지 자신을 비워내며 자제한답니다.

自勝最賢(자승최현), 故曰人雄(고왈인웅), 護意調身(호의조신), 自損至
終(자손지종).

술천품 16-6 자기 자신을 이기는 사람은

비록 하늘의 존귀한 천신과 마왕과 범천과 제석천일지라도, 이
들 모두도 자기 자신을 이기는 사람을 이길 수 없답니다.

雖曰尊天(수왈존천), 神魔梵釋(신마범석), 皆莫能勝(개막능승), 自勝之
人(자승지인).

술천품 16-7 정법과 정도를 생각하는 복덕이 최상

다달이 천 번씩 제사를 되풀이하며 목숨이 다할 때까지 그치지
않더라도, 잠시나마 한결같은 마음으로 정법을 생각하는 것만 못
하답니다. 정도를 생각하는 복덕이 일평생 제사 지내는 것보다 낫
답니다.

月千反祠(월천반사), 終身不輟(종신불철), 不如須臾(불여수유), 一心念
法(일심념법), 一念道福(일념도복), 勝彼終身(승피종신).

술천품 16-8 제사 지내는 것보다 삼존을 공양하는 것이 낫다

비록 백 년 동안 불의 신을 숭배하며 제사를 지내더라도 잠시나
마 삼존(佛·법法·僧僧)을 공양하는 것만 못하답니다. 한 번 공양하
여 얻은 복덕은 백 년을 제사 지낸 것보다 낫답니다.

雖終百歲(수종백세), 奉事火祠(봉사화사), 不如須臾(불여수유), 供養三

尊(공양삼존), 一供養福(일공양복), 勝彼百年(승피백년).

술천품 16-9 신에게 제사 지내느니 성현에게 예배하는 것이 낫다

신에게 제사 지내며 복덕을 구하고서 그 뒤에 보상받기를 바라지만 성현에게 예를 갖추는 것의 4분의 1에도 미치지 못하니, 차라리 성현에게 예배하는 것이 낫답니다.

祭神以求福(제신이구복), 從後觀其報(종후관기보), 四分未望一(사분미망일), 不如禮賢者(불여례현자).

술천품 16-10 어른을 공경하면 네 가지 복덕이 더해지니

예절을 잘 지키고 나이 많은 어른을 공경하는 사람에게는 네 가지 복덕이 자연스럽게 더해지니, 좋은 안색과 건강과 장수와 평안이랍니다.

能善行禮節(능선행례절), 常敬長老者(상경장로자), 四福自然增(사복자연증), 色力壽而安(색력수이안).

술천품 16-11 백 년을 산다 해도 올바름을 멀리하고 계율을 지키지 않는다면

만약 사람들이 백 년을 산다 해도 올바름을 멀리하고 계율을 지키지 않는다면, 하루를 살더라도 계율을 지키면서 마음을 올바르게 하여 선(禪)을 닦는 것만 못하답니다.

若人壽百歲(약인수백세), 遠正不持戒(원정불지계), 不如生一日(불여생일일), 守戒正意禪(수계정의선).

술천품 16-12 백 년을 산다 해도 그릇되고 거짓되어 지혜가 없다면

만약 사람들이 백 년을 산다 해도 그릇되고 거짓되어 지혜가 없다면, 하루를 살더라도 한결같이 올바른 지혜를 배우는 것만 못하답니다.

若人壽百歲(약인수백세), 邪僞無有智(사위무유지), 不如生一日(불여생일일), 一心學正智(일심학정지).

술천품 16-13 백 년을 산다 해도 게으르고 태만하여 부지런히 수행하지 않으면

만약 사람들이 백 년을 산다 해도 게으르고 태만하여 부지런히 수행하지 않으면, 하루를 살더라도 열심히 수행에 정진하는 것만 못하답니다.

若人壽百歲(약인수백세), 懈怠不精進(해태불정진), 不如生一日(불여생일일), 勉力行精進(면력행정진).

술천품 16-14 백 년을 산다 해도 일이 이루어지고 실패하는 이유를 알지 못한다면

만약 사람들이 백 년을 산다 해도 일이 이루어지고 실패하는 이유를 알지 못한다면, 하루를 살더라도 미묘한 낌새를 알아차리고 꺼려야 할 것을 알아차리는 것만 못하답니다.

若人壽百歲(약인수백세), 不知成敗事(불지성패사), 不如生一日(불여생일일), 見微知所忌(견미지소기).

술천품 16-15 백 년을 산다 해도 감로(甘露)와 같은 정도를 보지 못하면

만약 사람들이 백 년을 산다 해도 감로(甘露: 천히가 태평할 때에 하늘에서 내린다고 하는 단 이슬)와 같은 정도를 보지 못하면, 하루를 살더라도 수행을 통해 감로수를 맛보는 것만 못하답니다.

若人壽百歲(약인수백세), 不見甘露道(불견감로도), 不如生一日(불여생일일), 服行甘露味(복행감노미).

술천품 16-16 백 년을 산다 해도 큰 도의 올바른 뜻을 알지 못한다면

만약 사람들이 백 년을 산다 해도 큰 도의 올바른 뜻을 알지 못한다면, 하루를 살더라도 부처님의 불법을 배워 살아가는 것만 못하답니다.

若人壽百歲(약인수백세), 不知大道義(부지대도의), 不如生一日(불여생일일), 學推佛法要(학추불법요).

제17장 악행품(惡行品)
악인과 결별해야 근심걱정이 사라짐을 밝힘

　악행품에서는, 행실이 나쁜 악인과 결별해야 하고, 그들과 같이 행동하면 그에 따른 죄를 받게 되며, 함께 어울리지 않으면 근심 걱정이 사라짐을 밝히고 있답니다.

　惡行品者(악행품자), 感切惡人(감절악인), 動有罪報(동유죄보), 不行無患(불행무환).

악행품 17-1 선행을 보고서도 따르지 않으면 악행을 일삼는 마음을 따르게 된다

　선행을 보고서도 따르지 않으면 도리어 악행을 일삼는 마음을 따르게 됩니다. 바르지 않은 마음으로 복덕을 바라면 도리어 삿되고 음란함을 즐기게 된답니다.

　見善不從(견선부종), 反隨惡心(반수악심), 求福不正(구복부정), 反樂邪婬(반락사음).

악행품 17-2 악행을 저지르고도 스스로 깨달을 수 없을 만큼 어리석다면

평범한 사람은 악행을 저지르고도 스스로 깨달을 수 없을 만큼 어리석어서 파렴치한 짓을 저지르는데, 훗날 울체하여 맹독이 쌓이게 된답니다.

凡人爲惡(범인위악), 不能自覺(불능자각), 愚癡快意(우치쾌의), 令後欝毒(영후울독).

악행품 17-3 모질게 행동하고 점점 그러한 행위에 빠져들면

흉악한 사람은 모질게 행동하고 점점 그러한 행위에 빠져들면서 파렴치한 욕망에 사로잡히는데, 그 죄업이 자연스럽게 뒤따른답니다.

凶人行虐(흉인행학), 沈漸數數(침점수수), 快欲爲人(쾌욕위인), 罪報自然(죄보자연).

악행품 17-4 덕을 실행하다 보면 자연스럽게 복덕도 따른다

올곧은 사람은 덕을 실행하고 서로서로 따르면서 덕을 쌓아갑니다. 즐거운 마음으로 덕행을 실천하니 복덕이 자연스럽게 따른답니다.

吉人行德(길인행덕), 相隨積增(상수적증), 甘心爲之(감심위지), 福應自然(복응자연).

악행품 17-5 죄악이 무르익으면 스스로 모진 죄업을 받게 된다

요망스러운 얼간이가 복덕을 받는 것은 그 죄악이 아직 무르익지 않았기 때문이랍니다. 그러나 그 죄악이 무르익으면 스스로 모진 죄업을 받게 된답니다.

妖孽見福(요얼견복), 其惡未熟(기악미숙), 至其惡熟(지기악숙), 自受罪虐(자수죄학).

악행품 17-6 선행이 무르익으면 반드시 복록을 받게 된다

올곧고 상서로운 이가 재앙을 맞는 것은 그의 선행이 아직은 성숙되지 않았기 때문입니다. 그러나 그의 선행이 무르익으면 반드시 복록을 받게 된답니다.

貞祥見禍(정상견화), 其善未熟(기선미숙), 至其善熟(지기선숙), 必受其福(필수기복).

악행품 17-7 남에게 하는 행위는 반드시 나에게 되돌아온다

남을 공격하면 공격을 받게 되며, 남을 원망하면 원망을 받게 됩니다. 남을 꾸짖으며 욕하면 욕을 먹게 되며, 남에게 분노하면 분노를 사게 된답니다.

擊人得擊(격인득격), 行怨得怨(행원득원), 罵人得罵(매인득매), 施怒得怒(시노득노).

악행품 17-8 살아갈 날이 많지 않은데 어찌 악행을 저지른단 말인가

세상 사람들은 올바른 가르침을 듣지 못하여 올바른 법도를 알지 못합니다. 이 세상에 태어나 살아갈 날이 많지 않은데, 어찌 악행을 저지른단 말입니까?

世人無聞(세인무문), 不知正法(불지정법), 生此壽少(생차수소), 何宜爲惡(하의위악)?

악행품 17-9 작은 악행이 쌓여 죄악으로 가득 차게 된다

작은 악행이 가벼워 보일지라도 저지르지 말아야 합니다. 물방울이 비록 작을지라도 점점 큰 그릇을 채우게 되니, 대개 죄악으로 가득 차게 된 것도 작은 악이 쌓여 이루어진 것이랍니다.

莫輕小惡(막경소악), 以爲無殃(이위무앙), 水渧雖微(수적수미), 漸盈大器(점영대기), 凡罪充滿(범죄충만), 從小積成(종소적성).

악행품 17-10 작은 선행이 쌓여 복덕이 충만하게 된다

작은 선행일지라도 가볍게 여기지 말아야 합니다. 물방울이 비록 작을지라도 점점 큰 그릇을 채우게 되니, 대개 복덕이 충만한 것도 가느다랗고 작은 선행이 쌓여 이루어진 거랍니다.

莫輕小善(막경소선), 以爲無福(이위무복), 水滴雖微(수적수미), 漸盈大器(점영대기), 凡福充滿(범복충만), 從纖纖積(종섬섬적).

악행품 17-11 악행을 일삼으면 끝내 패가망신하게 된다

대개 사람들은 행동할 때 악행을 일삼는 것을 좋아하며 자기 자신을 위해서 그런다고 하지만, 끝내는 패가망신하게 된답니다.

夫士爲行(부사위행), 好之與惡(호지여악), 各自爲身(각자위신), 終不

敗亡(종불패망).

악행품 17-12 남의 것을 빼앗기를 좋아하는 사람은 자신의 것을 빼앗기게 된다

남의 것을 빼앗기를 좋아하는 사람은 그러한 행위를 스스로 옳다고 생각하여 남의 것을 빼앗지만, 다른 사람들에게 자신의 것을 빼앗긴답니다.

好取之士(호취지사), 自以爲可(자이위가), 沒取彼者(몰취피자), 人亦沒之(인역몰지).

악행품 17-13 죄악이 숨겨져 드러나지 않는 것은 잿더미 속에 불씨가 숨어 있는 것과 같다

악행의 결과가 곧바로 나타나지 않는 것은 금방 짠 우유가 바로 상하지 않는 것과 같습니다. 죄악이 숨겨져 드러나지 않는 것은 잿더미 속에 불씨가 숨어 있는 것과 같답니다.

惡不卽時(악부즉시), 如搆牛乳(여구우유), 罪在陰祠(죄재음사), 如灰覆火(여회복화).

악행품 17-14 악행을 저지른 만큼의 죄업이 따른다

희롱하며 비웃는 행위도 악행이 되며 그런 행위를 하게 되면 울부짖으며 호소할 만큼의 과보를 받는답니다. 악행을 저지른 만큼의 죄업이 따르게 된답니다.

戱笑爲惡(희소위악), 以作身行(이작신행), 號泣受報(호읍수보), 隨行

罪至(수행죄지).

악행품 17-15 나중에 고통스러운 과보를 받는 것은 이전에 저질렀던 악습 때문

악행을 일삼고 덮어두는 것은 병장기에 찔린 것과 마찬가지입니다. 지나고 나서야 알게 되더라도 이미 악행에 빠져버렸으니, 나중에 고통스러운 과보를 받는 것은 예전부터 쌓아온 악습 때문이랍니다.

作惡不覆(작악불복), 如兵所截(여병소절), 牽往乃知(견왕내지), 已墮惡行(이타악행), 後受苦報(후수고보), 如前所習(여전소습).

악행품 17-16 악행이 널리 퍼지면 상처 입지 않을 수 없다

마치 독약으로 상처를 문지르거나 굽이치는 소용돌이에 휘말린 배와 같답니다. 악행이 널리 퍼지면 상처 입지 않을 수 없답니다.

如毒摩瘡(여독마창), 船入洄澓(선입회복), 惡行流衍(악행류연), 靡不傷尅(미불상극).

악행품 17-17 어리석음의 재앙은 도리어 자신에게 미친다

악행이 더해져 남을 속일지라도 맑고 깨끗한 사람은 오히려 오염되지 않는답니다. 어리석음의 재앙은 도리어 자신에게 미친답니다. 마치 먼지가 바람을 거슬러 날아오르는 것처럼.

加惡誣罔人(가악무망인), 淸白猶不汚(청백유불오), 愚殃反自及(우앙반자급), 如塵逆風坌(여진역풍분).

악행품 17-18 악행을 저지르더라도 선행을 하며 뉘우친다면

실수로 비행과 악행을 저지르더라도 선행을 하며 뉘우친다면, 인간이 사는 세상을 밝게 비추게 된답니다. 마치 구름 한 점 가리지 않는 밝은 해처럼.

過失犯非惡(과실범비악), 能追悔爲善(능추회위선), 是明照世間(시명조세간), 如日無雲曀(여일무운에).

악행품 17-19 선한 행동을 하면 선한 사람이 되고

사람들이 실행한 흔적은 나중에 몸에 저절로 드러나게 됩니다. 선한 행동을 하면 선한 사람이 되고 악한 행동을 하면 악인이 된답니다.

夫士所以行(부사소이행), 然後身自見(연후신자견), 爲善則得善(위선즉득선), 爲惡則得惡(위악즉득악).

악행품 17-20 착한 사람은 천상에 오르고, 무위를 실천하면 열반에 이른다

앎이 있으면 인간으로 태어나고, 악행을 저지르면 지옥에 갑니다. 선을 행한 사람은 천상세계에 오르고, 무위를 실천한 사람은 열반에 이른답니다.

有識墮胞胎(유식타포태), 惡者入地獄(악자입지옥), 行善上昇天(행선상승천), 無爲得泥洹(무위득니원).

악행품 17-21 악행에 따른 재앙을 피할 곳은 없다

허공도 안 되고 바닷속도 안 되며 깊은 산의 바위틈에 숨어도 소용없답니다. 이 세상 어느 곳에 숨어도 자신이 저지른 해묵은 악행에 따른 재앙을 피할 곳은 없답니다.

非空非海中(비공비해중), 非隱山石間(비은산석간), 莫能於此處(막능어차처), 避免宿惡殃(피면숙악앙).

악행품 17-22 어질고 지혜로운 사람은 다른 사람의 비행과 악행을 염두에 두지 않는다

모든 중생에게는 고통과 번뇌가 있으며 늙고 죽는 것을 피할 수 없답니다. 오직 어질고 지혜로운 사람만이 다른 사람의 비행과 악행을 염두에 두지 않는답니다.

衆生有苦惱(중생유고뇌), 不得免老死(부득면로사), 唯有仁智者(유유인지자), 不念人非惡(불념인비악).

제18장 도장품(刀杖品)

자비와 인자함을 배우고 익혀 칼이나 몽둥이를 사용하지 않도록 함

도장품에서는, 자비와 인자함을 배우고 익혀 칼이나 몽둥이를 사용하는 일이 없도록 하여, 살아 있는 모든 것들이 재난이나 해로움 당하지 않도록 하기 위한 말씀을 하고 있습니다.

刀杖品者(도장품자), 教習慈仁(교습자인), 無行刀杖(무행도장), 賊害衆生(적해중생).

도장품 18-1 남을 죽이지도 말고 몽둥이도 사용하지 말아야

살아 있는 모든 것들은 죽음을 두려워하고 몽둥이의 아픔을 두려워하지 않는 사람은 없을 겁니다. 자신을 용서하듯이, 남을 죽이지도 말고 몽둥이를 사용하지도 말아야 합니다.

一切皆懼死(일체개구사), 莫不畏杖痛(막불외장통), 恕己可爲譬(서기가위비), 勿殺勿行杖(물살물행장).

도장품 18-2 중생들을 편안하게 해주고 온갖 고통을 끼치지 않도록 해야

항상 중생들을 편안하게 해주고 온갖 고통을 끼치지 않도록 해야 합니다. 그러면 지금 세상에서도 해로운 일을 당하지 않고 다음 세상에서도 길이길이 편안하고 평온해진답니다.

能常安群生(능상안군생), 不加諸楚毒(불가제초독), 現世不逢害(현세불봉해), 後世長安穩(후세장안온).

도장품 18-3 나쁜 행위에 대한 과보를 두려워해야

마땅히 남이 듣기 싫은 거친 말을 하지 말아야 합니다. 그렇게 말하는 사람은 두려운 과보를 받습니다. 악을 보내면 화가 돌아오니, 칼과 몽둥이가 되돌아와 온몸에 퍼부어질 겁니다.

不當麤言(부당추언), 言當畏報(언당외보), 惡往禍來(악왕화래), 刀杖歸軀(도장귀구).

도장품 18-4 시시비비를 가리지 않는다면 속세를 벗어나 편안해진다

입 밖으로 나오는 말이 선하면 마치 종과 경쇠를 두드리는 것 같답니다. 시시비비를 가리지 않는다면 속세를 벗어나 편안해진답니다.

出言以善(출언이선), 如叩鐘磬(여고종경), 身無論議(신무론의), 度世則易(도세즉역).

도장품 18-5 착하고 죄 없는 사람을 헐뜯으면 재앙이 열 배로 늘어난다

어질고 착한 사람을 매질하거나 죄 없는 사람을 망령되게 헐뜯으면, 그 재앙이 열 배로 늘어나고 재앙도 빠르게 늘어나 용서받지 못한답니다.

歐杖良善(구장량선), 妄讒無罪(망참무죄), 其殃十倍(기앙십배), 災迅無赦(재신무사).

도장품 18-6 불구의 몸이 되고 번뇌와 질병에 시달리며

살아가면서 극심한 고통을 받고 형체가 무너지고 허물어져 불구의 몸이 됩니다. 그러면서 자연스럽게 번뇌와 질병에 시달리고 의지마저 사라지고 얼빠진 듯 몽롱해진답니다.

生受酷痛(생수혹통), 形體毀折(형체훼절), 自然惱病(자연뇌병), 失意恍惚(실의황홀).

도장품 18-7 다른 사람을 속이고 해를 끼치며 관청의 재액에 얽히게 되면

다른 사람을 속이고 해를 끼치며 관청의 재액에 얽히게 되면, 가진 재산도 모두 없어지고 가까운 친척들마저 떠나버린답니다.

人所誣咎(인소무구), 或縣官厄(혹현관액), 財産耗盡(재산모진), 親戚離別(친척리별).

도장품 18-8 소유한 집들이 불타버리고 죽으면 지옥에 빠져드니

소유한 집들이 화재로 불타버리고, 죽으면 지옥에 빠져드니 이와 같은 재앙이 열 가지나 된답니다.

舍宅所有(사택소유), 災火焚燒(재화분소), 死入地獄(사입지옥), 如是爲十(여시위십).

도장품 18-9 목욕하고 반석에 앉은들 어리석음으로 인해 맺힌 번뇌는 어찌하나?

비록 세속의 옷을 벗고 머리 깎고서 풀로 지은 옷을 길게 드리워 입고, 머리 감고 몸을 씻고서 반석에 앉은들 어리석음으로 인해 맺힌 번뇌는 어찌한단 말인가?

雖倮剪髮(수라전발), 長服草衣(장복초의), 沐浴踞石(목욕거석), 奈癡結何(내치결하)?

도장품 18-10 이기려 하지 않고 천하를 자애롭게 대하는 사람은

사람들을 죽이거나 불태우지 않고 애써 이기려 하지 아니하며, 천하를 자애롭게 대하는 사람은 가는 곳마다 원망받지 않는답니다.

不伐殺燒(불벌살소), 亦不求勝(역불구승), 人愛天下(인애천하), 所適無怨(소적무원).

도장품 18-11 부끄러워할 줄 아는 사람은 이끌어가는 사람

세상에는 여러 부류의 사람들이 있는데 부끄러워할 줄 아는 사람은, 이름하여 이끌어가는 사람이니 마치 좋은 말을 길들이는 채찍과도 같답니다.

世黨有人(세당유인), 能知慚愧(능지참괴), 是名誘進(시명유진), 如策良馬(여책량마).

도장품 18-12 믿음과 계율을 갖추고 마음을 안정시키고 힘써 닦아 나아가면

좋은 말을 길들이는 채찍과 같이 바른 길로 나아가면 멀리 갈 수 있습니다. 사람들이 믿음과 계율을 갖추고 마음을 안정시키고 힘써 닦아 나아가면, 정도를 얻어 지혜가 생기니 온갖 괴로움이 사라진답니다.

如策善馬(여책선마), 進道能遠(진도능원), 人有信戒(인유신계), 定意精進(정의정진), 受道慧成(수도혜성), 便滅衆苦(편멸중고).

도장품 18-13 스스로 엄격하게 정법을 닦으면

스스로 엄격하게 정법을 닦으면 탐욕을 덜어내고 없애 맑고 깨끗한 존재가 됩니다. 몽둥이로 중생을 해치지 않는 사람이 바로 수행자인 사문이며 정도를 깨달은 사람이랍니다.

自嚴以修法(자엄이수법), 滅損受淨行(멸손수정행), 杖不加群生(장불가군생), 是沙門道人(시사문도인).

도장품 18-14 천하에 해로움을 끼치지 않으면

천하에 해로움을 끼치지 않으면 몸이 다할 때까지 해로운 일을

당하지 않는답니다. 언제나 모든 것을 자애롭게 대하니 어느 누가
원수로 삼을 수 있겠습니까?

　無害於天下(무해어천하), 終身不遇害(종신불우해), 常慈於一切(상자어
일체), 孰能與爲怨(숙능여위원)?

제19장 노모품(老耗品)

부지런히 힘써서 늙어서 후회하는 일이 없도록 해야 함

노모품에서는, 사람들에게 부지런히 힘쓸 것을 가르치니 목숨이 다할 때까지 노력하지 않는다면 늙어서 후회한들 무슨 소용이 있겠냐며 사람들을 일깨우고 있습니다.

老耗品者(노모품자), 誨人懃仂(회인근력) , 不與命競(불여명경), 老悔何益(노회하익)?

노모품 19-1 깊고 그윽한 어둠을 밝힐 촛대를 구하라

무엇이 그리 즐겁습니까? 어찌하여 웃고 있습니까? 생명은 늘 소모되고 있으며, 깊고 그윽한 어두움에 가려져 있거늘, 이는 마치 불을 밝힐 촛대를 구하는 것만 못하답니다.

何喜(하희)? 何笑(하소)? 命常熾然(명상치연), 深弊幽冥(심폐유명), 如不求錠(여불구정).

노모품 19-2 생각이 많아지면 병을 부르니

몸의 외형이나 체격만 보고 그것에 의지하며 편안하다고 여깁니다. 그러나 생각이 많아지면 병을 부르니 그것이 참이 아님을 어찌 알겠습니까?

見身形範(견신형범), 倚以爲安(의이위안), 多想致病(다상치병), 豈知非眞(기지비진)?

노모품 19-3 늙으면 몸도 쇠약해지고 살갗도 쭈그러지니

늙으면 몸도 쇠약해지고 병들어 윤기도 없고 피부는 늘어지고 살갗은 쭈그러지니, 운명이 다할 날이 더욱 가까워진답니다.

老則色衰(노즉색쇠), 病無光澤(병무광택), 皮緩肌縮(피완기축), 死命近促(사명근촉).

노모품 19-4 육신이 죽으면 정신도 떠나가니

육신이 죽으면 정신도 떠나가니, 수레꾼에게 버려진 수레와 같답니다. 살은 썩어 없어지고 백골은 흩어지니, 이 몸을 어찌 믿고 의지할 수 있겠습니까?

身死神徙(신사신사), 如御棄車(여어기차), 肉消骨散(육소골산), 身何可怙(신하가호)?

노모품 19-5 태어나 늙어 죽을 때까지 화와 교만을 간직하고 있을 뿐

이 몸은 성곽과도 같으니 뼈로 기둥을 세우고 살을 두터이 찌울지라도, 태어나 늙어 죽을 때까지 화와 교만을 간직하고 있을 뿐이랍니다.

身爲如城(신위여성), 骨幹肉塗(골간육도), 生至老死(생지노사), 但藏恚慢(단장에만).

노모품 19-6 괴로움을 없앨 수 있는 정법을 힘써 배워야

늙으면 우리 형체도 변화하니 비유하자면 낡은 수레와 같답니다. 괴로움을 없앨 수 있는 정법을 힘써 배워야 합니다.

老則形變(노즉형변), 喻如故車(유여고차), 法能除苦(법능제고), 宜以仿學(의이력학).

노모품 19-7 사람이 듣고 배우지 않으면 늙은 소와 같다

사람이 듣고 배우지 않으면 늙은 소와 같답니다. 세월을 따라 살가죽에 살만 쪘을 뿐 복록도 지혜도 없답니다.

人之無聞(인지무문), 老若特牛(노약특우), 但長肌肥(단장기비), 無有福慧(무유복혜).

노모품 19-8 마음을 탐욕스러운 몸에 의지하니 고통이 끊이지 않아

생사를 의지할 곳 없으니 오가는 것도 힘들고 고생스럽습니다. 마음을 탐욕스러운 몸에 의지하니 살아가는 고통이 끊이지 않습니다.

生死無聊(생사무료), 往來艱難(왕래간난), 意猗貪身(의의탐신), 生苦無端(생고무단).

노모품 19-9 육신을 버리고 마음의 욕망을 없애야

지혜는 괴로움의 원인을 알게 합니다. 그러므로 육신을 버리고 마음의 욕망을 없애고 행하는 바마저 버리면 애욕이 사라져 생과 사를 초월한답니다.

慧以見苦(혜이견고), 是故棄身(시고기신), 滅意斷行(멸의단행), 愛盡無生(애진무생).

노모품 19-10 범행을 닦지도 않고 재물을 풍족하게 모은 것도 아니면

범행(梵行: 맑고 깨끗한 행실)을 닦지도 않고 재물을 풍족하게 모은 것도 아니면, 마치 늙어버린 백로가 그저 빈 연못을 기웃거리는 것과 같답니다.

不修梵行(불수범행), 又不富財(우불부재), 老如白鷺(노여백로), 守伺空池(수사공지).

노모품 19-11 늙고 야위고 기운이 다하여 옛일을 생각한들

이미 계율도 지키지 않았고 재물도 모으지 않았으니, 늙고 야위고 기운이 다하여 옛일을 생각한들 어찌 돌이킬 수 있겠습니까?

旣不守戒(기불수계), 又不積財(우부적재), 老羸氣竭(노리기갈), 思故何逮(사고하체)?

노모품 19-12 병들어 죽음에 이르러서는 후회해도 소용없다

늙음은 가을 낙엽과도 같으니 어찌 더러워진 모습을 거울에 비추겠습니까? 목숨이 병들어 죽음에 이르러서는 후회해도 소용없답니다.

老如秋葉(노여추엽), 何穢鑑錄(하예감록)? 命疾脫至(명질탈지), 亦用後悔(역용후회).

노모품 19-13 세상의 모든 것이 영원하지 않다는 것을 깨달아

목숨이 다할 때까지 밤낮으로 부지런히 정진해야 합니다. 세상의 모든 것이 영원하지 않다는 것을 깨달아 어둠 속에 떨어져 미혹되지 말아야 한답니다.

命欲日夜盡(명욕일야진), 及時可勳力(급시가근력), 世間諦非常(세간체비상), 莫惑墮冥中(막혹타명중).

노모품 19-14 등불을 잡고 바른 길로 나아가야

마땅히 배워서 마음의 등불을 밝히고 자신을 단련하여 지혜를 구해야 합니다. 온갖 더러움에 물들지 말고 등불을 잡고 바른 길로 나아가야 합니다.

當學燃意燈(당학연의등), 自練求智慧(자련구지혜), 離垢勿染污(이구물염오), 執燭觀道地(집촉관도지).

제20장 애신품(愛身品)

배움은 자신을 유익하게 하고 죄업을 없애고 복덕을 일으킴

애신품에서는, 배움을 권하는 까닭은 결국 자신에게 유익하게 하며, 죄업을 없애고 복덕을 일으키기 때문이라고 말씀하고 있답니다.

愛身品者(애신품자), 所以勸學(소이권학), 終有益己(종유익기), 滅罪興福(멸죄흥복).

애신품 20-1 깨달음을 얻고자 하는 사람은 정법을 배우기 위해 잠들지 않는다

자신을 사랑하는 사람은 지켜야 할 바를 삼가면서 잘 지킨답니다. 깨달음을 얻고자 하는 사람은 정법을 배우기 위해 잠들지 않는답니다.

自愛身者(자애신자), 慎護所守(신호소수), 悕望欲解(희망욕해), 學正不寐(학정불매).

애신품 20-2 자신을 제일로 여기면서 늘 스스로 배움에 힘써야

자신을 제일로 여기면서 늘 스스로 배움에 힘써야 합니다. 그렇게 해야 다른 사람을 가르쳐 일깨우니 그러한 일을 게을리하지 않으면 모두가 지혜로워집니다.

爲身第一(위신제일), 常自勉學(상자면학), 利乃誨人(이내회인), 不惓則智(불권즉지).

애신품 20-3 먼저 자신을 바르게 하고 다른 이를 바르게 해야

먼저 자신을 바르게 하는 것을 배우고 다른 사람을 바르게 해야 합니다. 자신을 다스리고 지혜를 얻으면 반드시 모든 사람의 스승이 된답니다.

學先自正(학선자정), 然後正人(연후정인), 調身入慧(조신입혜), 必遷爲上(필천위상).

애신품 20-4 자신을 이롭게 하지 못하면서 어찌 다른 사람을 이롭게 할 수 있겠는가?

자신을 이롭게 하지 못하면서 어찌 다른 사람을 이롭게 할 수 있겠습니까? 마음을 다스리고 몸을 바르게 하면 어떤 소원이든 이루지 못하겠습니까?

身不能利(신불능리), 安能利人(안능리인)? 心調體正(심조체정), 何願不至(하원부지)?

애신품 20-5 내가 지은 업보는 나로 인해 생기고

내가 지은 업보는 나로 인해 생기고, 내가 만든 것입니다. 그것은 금강석이 보석을 부숴버리듯 어리석은 자를 부숴버립니다.

本我所造(본아소조), 後我自受(후아자수), 爲惡自更(위악자갱), 如剛鑽珠(여강찬주).

애신품 20-6 계율을 지키지 않으면 악행이 날로 늘어난다

사람이 계율을 지키지 않으면 욕망이 등나무 덩굴처럼 널리 퍼집니다. 마음속의 극심한 욕망이 왕성하게 자라나 악행이 날로 늘어난답니다.

人不持戒(인부지계), 滋蔓如藤(자만여등), 逞情極欲(영정극욕), 惡行日增(악행일증).

애신품 20-7 못된 행동은 자신을 위태롭게 하는데

못된 행동은 자신을 위태롭게 하는데 어리석은 사람은 이 행위를 쉽게 여깁니다. 착한 행동은 자신을 가장 편안하게 하는데도 어리석은 사람은 이를 어렵게만 여긴답니다.

惡行危身(악행위신), 愚以爲易(우이위역), 善最安身(선최안신), 愚以爲難(우이위난).

애신품 20-8 악을 행하면 악을 얻으니

진리를 깨달은 사람에게 가르침을 얻어 올바른 도리를 스스로 본받아야 합니다. 어리석은 이는 올바른 도리를 싫어하니 이를 보고서도 악행을 일삼습니다. 악을 행하면 악을 얻으니 괴로움의 씨앗을 심는 것과 같답니다.

如眞人教(여진인교), 以道法身(이도법신), 愚者疾之(우자질지), 見而爲惡(견이위악), 行惡得惡(행악득악), 如種苦種(여종고종).

애신품 20-9 악행은 스스로 죄업을 받게 하고 선행은 스스로 복덕을 받게 한다

악행은 스스로 죄업을 받게 하고 선행은 스스로 복덕을 받게 한답니다. 또한 이들 각각은 반드시 무르익게 되어 그 어떤 것으로도 자신을 대신하지 못합니다. 선행을 익히면 선을 얻는데 이 또한 달콤한 씨앗을 심는 것과 같답니다.

惡自受罪(악자수죄), 善自受福(선자수복), 亦各須熟(역각수숙), 彼不自代(피불자대), 習善得善(습선득선), 亦如種甜(역여종첨).

애신품 20-10 자신에게도 이롭고 남에게도 이로우면

자신에게도 이롭고 남에게도 이로우면 유익하면서도 좋은 거랍니다. 자신을 이롭게 하는 법을 알려면 계율을 듣고 배우는 것이 가장 좋습니다.

自利利人(자리리인), 益而不費(익이불비), 欲知利身(욕지리신), 戒聞爲最(계문위최).

애신품 20-11 천상계에 태어나고자 한다면 부처님의 가르침을 염두에 두어야

만약 자신에게 근심이 있어 천상계에 태어나고자 한다면, 공경하는 마음으로 정법을 즐겨 듣고 마땅히 부처님의 가르침을 염두에 두어야 합니다.

如有自憂(여유자우), 欲生天上(욕생천상), 敬樂聞法(경락문법), 當念佛教(당념불교).

애신품 20-12 활용할 것은 반드시 미리 생각하고 힘써야 할 것은 놓치지 말아야

대체로 활용할 것은 반드시 미리 생각하고 힘써야 할 것은 놓치지 말아야 합니다. 이와 같이 나날이 수행하다 보면 힘써야 할 일에 때를 놓치지 않게 됩니다.

凡用必豫慮(범용필예려), 勿以損所務(물이손소무), 如是意日修(여시의일수), 事務不失時(사무불실시).

애신품 20-13 자신이 할 일을 잘해 내는 사람은 바라는 바를 얻는다

대체로 자신이 할 일을 잘해 내는 사람은 마침내 이로워진답니다. 자신을 돌이켜보고 실행하는 사람은 이와 같이 함으로써 바라는 바를 얻게 됩니다.

夫治事之士(부치사지사), 能至終成利(능지종성리), 眞見身應行(진견신응행), 如是得所欲(여시득소욕).

제21장 세속품(世俗品)

세상은 허깨비나 꿈과도 같으니 오직 도를 닦아야 함

세속품에서는, 세상은 허깨비나 꿈과 같으니 마땅히 들뜬 영화를 버리고 도를 닦아야 함을 설명하고 있습니다.

世俗品者(세속품자), 說世幻夢(설세환몽), 當捨浮華(당사부화), 勉修道用(면수도용).

세속품 21-1 평탄한 큰길을 버리고, 험한 길을 가다 엎어지면

만약 길을 가는 수레가 평탄한 큰길을 버리고, 험한 길을 가다 엎어지면 굴대가 부서져서 걱정이 생기게 된답니다.

如車行道(여거행도), 捨平大途(사평대도), 從邪徑敗(종사경패), 生折軸憂(생절축우).

세속품 21-2 정법을 버리면 정법이 아닌 것을 따르게 되니

이와 같이 큰길 같은 정법을 버리면 정법이 아닌 것을 따르게 되니, 어리석음을 버리지 못하다 죽음에 이르고 목숨마저 끊기는 근심이 생긴답니다.

離法如是(이법여시), 從非法增(종비법증), 愚守至死(우수지사), 亦有折患(역유절환).

세속품 21-3 바른 도리에 순응하며 행동하고 그릇된 일은 따르지 말아야

바른 도리에 순응하며 행동하고 그릇된 일은 따르지 말아야 합니다. 그러면 가거나 머물거나 누워도 편안하여 자자손손 근심이 없답니다.

順行正道(순행정도), 勿隨邪業(물수사업), 行住臥安(행주와안), 世世無患(세세무환).

세속품 21-4 만물은 물거품과 같고 우리네 마음은 아지랑이 같다

만물은 물거품과 같고 우리네 마음은 아지랑이 같답니다. 세상사가 환영과 같은데 어찌하여 이를 즐거워하겠습니까?

萬物如泡(만물여포), 意如野馬(의여야마), 居世若幻(거세약환), 奈何樂此(내하낙차)?

세속품 21-5 해탈의 여정에서 선정(禪定)에 들려면

만약 세상사를 끊으려면 그 나무의 뿌리를 베어야 하는데, 밤낮으로 이와 같이 한다면 반드시 선정(禪定: 한마음으로 사물을 생각하여 마음이 하나의 경지에 정지하여 흐트러짐이 없는 것)에 이르게 된답니다.

若能斷此(약능단차), 伐其樹根(벌기수근), 日夜如是(일야여시), 必至

于定(필지우정).

세속품 21-6 낮이나 밤이나 선정에 이를 수 없는 사람

한결같이 자신이 믿는 대로 좋아하는 대로 살아가는 사람, 또는
마음을 어지럽히는 일을 좇는 사람, 먹을 것을 따르는 사람, 이러
한 사람들은 낮이나 밤이나 선정에 이를 수는 없습니다.

一施如信(일시여신), 如樂之人(여락지인), 或從惱意(혹종뇌의), 以飯食
衆(이반식중), 此輩日夜(차배일야), 不得定意(부득정의).

세속품 21-7 조금이라도 밝은 지혜를 보려면 마땅히 선한 마음을 길러야

속세의 사람들은 밝은 눈이 없어 참된 도를 보지 못합니다. 만
약 조금이라도 눈이 밝아지려면 마땅히 선한 마음을 길러야 한답
니다.

世俗無眼(세속무안), 莫見道眞(막견도진), 如少見明(여소견명), 當養善
意(당양선의).

세속품 21-8 기러기가 무리를 이끌고 그물을 피해 높이 날듯이

기러기가 무리를 이끌고 그물을 피해 높이 나는 것처럼 해야 합
니다. 눈이 밝은 사람이 세상을 인도하듯 그릇된 중생을 번뇌에서
벗어나게 제도(濟度)해야 합니다.

如鴈將群(여안장군), 避羅高翔(피라고상), 明人導世(명인도세), 度脫邪
衆(도탈사중).

세속품 21-9 삼계의 하나인 천상계에도 죽음이 있다

세상의 모든 것에는 죽음이 있고 삼계(慾界욕계·色界색계·無色界무색계)는 평안하기만 한 곳은 아니랍니다. 모든 천상계가 비록 안락한 곳이라 해도 복록이 다하면 죽는답니다.

世皆有死(세개유사), 三界無安(삼계무안), 諸天雖樂(제천수낙), 福盡亦喪(복진역상).

세속품 21-10 생사를 벗어나고자 한다면 마땅히 참된 도를 수행해야

세상을 관찰해 보면 태어나서 죽지 않는 것은 없답니다. 생사를 벗어나고자 한다면 마땅히 참된 도를 수행해야 합니다.

觀諸世間(관제세간), 無生不終(무생부종), 欲離生死(욕리생사), 當行道眞(당행도진).

세속품 21-11 어리석음은 천하를 뒤덮고 탐욕스러운 마음은 눈을 가린다

어리석음은 천하를 뒤덮고 탐욕스러운 마음은 눈을 가리게 합니다. 그릇된 의심으로 바른 도리마저 물리치니 이로 인해 고뇌와 어리석음이 생긴답니다.

癡覆天下(치부천하), 貪令不見(탐령불견), 邪疑却道(사의각도), 苦愚從是(고우종시).

세속품 21-12 정법에서 벗어나는 과오를 범하고 망언을 일삼는 사람은

참되고 유일한 정법에서 벗어나는 과오를 범하고 망언을 일삼는 사람은 다음 생에서도 재앙을 면치 못하고, 이미 저지른 악행은 고치지도 못한답니다.

一法脫過(일법탈과), 謂妄語人(위망어인), 不免後世(불면후세), 靡惡不更(미악불갱).

세속품 21-13 귀한 보물을 하늘에 닿도록 높게 채우더라도

비록 귀한 보물을 많이 쌓아 하늘에 닿도록 높고 높게 이 세상 가득 채우더라도, 정도의 자취를 보는 것만 못하답니다.

雖多積珍寶(수다적진보), 嵩高至于天(숭고지우천), 如是滿世間(여시만세간), 不如見道迹(불여견도적).

세속품 21-14 어리석은 사람은 시비를 가리지 못한다

선하지 않은 것을 선으로 여기고, 탐욕스러운 것을 탐욕이 없는 것으로 여기며, 고통스러움을 즐거움으로 여기는, 이처럼 미치고 어리석은 사람은 시비를 가리지 못합니다.

不善像如善(불선상여선), 愛如似無愛(애여사무애), 以苦爲樂像(이고위락상), 狂夫爲所厭(광부위소염).

제22장 술불품(述佛品)

부처님의 신묘한 덕은 세상을 이롭게 하고 세상의 법칙이 됨

술불품에서는, 부처님의 신묘한 덕은 세상을 이롭게 하고, 그 밝은 덕은 세상의 법칙이 됨을 말씀하고 있습니다.

述佛品者(술불품자), 道佛神德(도불신덕), 無不利度(무불리도), 明爲世則(명위세칙).

술불품 22-1 어떤 악에도 물들지 않고 모든 것을 이겨냈으니

이미 어떤 악에도 물들지 않고 이 세상의 모든 것을 이겨냈으니, 밝은 지혜가 끝없이 넓어 무지몽매한 사람들의 어리석음을 일깨워 불도(佛道)에 입문케 하였답니다.

己勝不受惡(기승불수악), 一切勝世間(일체승세간), 叡智廓無彊(예지곽무강), 開曚令入道(개몽령입도).

술불품 22-2 부처님의 마음은 끝없이 깊고도 깊어

그물을 끊어내니 걸리는 장애물 없고 탐욕도 다하여 쌓인 것도 없으니, 부처님의 마음은 끝없이 깊고 깊어 아직 밟지 못한 길을 밝게 한답니다.

決網無罣礙(결망무괘애), 愛盡無所積(애진무소적), 佛意深無極(불의심무극), 未踐迹令踐(미천적령천).

술불품 22-3 한결같은 마음을 용감하고 굳건하게 세워

한결같은 마음을 용감하고 굳건하게 세워 속세를 벗어나 밤낮으로 번뇌를 없애며, 육근(六根: 육식六識을 낳는 눈, 귀, 코, 혀, 몸, 뜻의 여섯 가지 근원)도 끊고 탐욕스러운 마음도 없애고, 정법을 배우니 생각이 맑고 밝아진답니다.

勇健立一心(용건립일심), 出家日夜滅(출가일야멸), 根斷無欲意(근단무욕의), 學正念淸明(학정념청명).

술불품 22-4 부처님이 나오신 것은 온갖 근심과 괴로움을 없애기 위해

진리를 보아서 마음이 깨끗하시고 생사의 깊은 길을 이미 건너셨으니, 부처님이 나오셔서 온 세상을 비추는 것은 중생의 모든 괴로움을 없애기 위해서입니다.

見諦淨無穢(견체정무예), 已度五道淵(이도오도연), 佛出照世間(불출조세간), 爲除衆憂苦(위제중우고).

술불품 22-5 사람으로 태어나기도 어렵고 부처님의 설법을 듣기도 어렵다

사람의 길을 가기 위해 태어나기도 어렵고 태어나서는 징수하기도 어렵답니다. 이 세상에 부처님이 나오시기도 어렵고 부처님의 법도를 듣기도 어렵답니다.

得生人道難(득생인도난), 生壽亦難得(생수역난득), 世間有佛難(세간유불난), 佛法難得聞(불법난득문).

술불품 22-6 한결같이 수행하여 부처님의 가르침을 얻으니

나는 이미 돌아가 지킬 것도 없고, 또한 혼자라서 짝도 없어 한결같이 수행하여 부처님의 가르침을 얻으니, 자연스럽게 성스러운 도에 통달하게 되었답니다.

我旣無歸保(아기무귀보), 亦獨無伴侶(역독무반려), 積一行得佛(적일행득불), 自然通聖道(자연통성도).

술불품 22-7 수행자는 수도정진을 교량으로 삼아야

함선의 선장이 물을 건널 수 있듯이 수행자는 수도정진을 교량으로 삼아야 합니다. 집안의 혈통과 성씨에 얽매인 이들을 제도해주는 사람을 굳건한 영웅이라 한답니다.

船師能渡水(선사능도수), 精進爲橋梁(정진위교량), 人以種姓繫(인이종성계), 度者爲健雄(도자위건웅).

술불품 22-8 부처님의 제자가 되려면

악한 제도를 파괴하는 것을 불법이라 하고, 모든 것을 멈춘 것을 범지라고 하며, 불법을 배우는 사람은 모든 갈망을 없애고, 욕망의 종자를 끊어내 부처님의 제자가 된답니다.

壞惡度爲佛(괴악도위불), 止地爲梵志(지지위범지), 除饉爲學法(제근위학법), 斷種爲弟子(단종위제자).

술불품 22-9 열반에 드는 것이 최고의 경지

행위를 관찰할 때는 참는 게 으뜸이랍니다. 부처님께서는 열반에 드는 것이 최고의 경지라고 말씀하셨습니다. 죄악을 버리고 수행자 사문이 되었으니 남들을 괴롭히거나 해치지 말아야 합니다.

觀行忍第一(관행인제일), 佛說泥洹最(불설니원최), 捨罪作沙門(사죄작사문), 無嬈害於彼(무요해어피).

술불품 22-10 남을 괴롭히거나 번거롭게 하지 않고 모든 계율을 지켜야

남을 괴롭히거나 번거롭게 하지 않고 모든 계율을 지켜야 합니다. 소식을 하면서 육신의 탐욕을 버리고 그윽하고 은밀한 곳에서 수행해야 합니다. 마음을 잘 살핌으로써 지혜를 갖추는 것, 바로 이것이 부처님의 가르침을 받들 수 있는 요건이랍니다.

不嬈亦不惱(불요역불뇌), 如戒一切持(여계일체지), 少食捨身貪(소식사신탐), 有行幽隱處(유행유은처), 意諦以有黠(의체이유힐), 是能奉佛教(시능봉불교).

술불품 22-11 선을 받들고 마음을 정화하는 것이 부처님의 가르침

어떤 죄악도 짓지 않고 일체의 선을 받들어 실행하며, 자기 마음을 깨끗이 정화하는 것, 이 모든 것이 부처님의 가르침이랍니다.

諸惡莫作(제악막작), 諸善奉行(제선봉행), 自淨其意(자정기의), 是諸佛教(시제불교).

술불품 22-12 존엄하고 귀하신 부처님은 석씨 가문의 영웅

부처님은 존엄하고 귀하시니 번뇌도 끊어버리고 애욕도 없답니다. 모든 석씨 가문의 영웅이시니, 모든 사람들이 마음으로 따른답니다.

佛爲尊貴(불위존귀), 斷漏無婬(단루무음), 諸釋中雄(제석중웅), 一群從心(일군종심).

술불품 22-13 소원하는 것은 모두 이루어주시니

유쾌하구나! 복된 과보도 있고 소원하는 것은 모두 이루어주십니다. 최상의 고요함에 빨리 도달해야 스스로 열반의 경지에 이른답니다.

快哉福報(쾌재복보), 所願皆成(소원개성), 敏於上寂(민어상적), 自致泥洹(자치니원).

술불품 22-14 산천이나 나무의 정령에게 제사를 지내며 복을 구하지만

많은 이들이 자신이 의지할 곳을 찾아, 산이나 계곡이나 나무의 정령들을 모시는 사당을 세우고 형상을 그려놓고, 제사를 지내며 복을 구하기도 합니다.

或多自歸(혹다자귀), 山川樹神(산천수신), 廟立圖像(묘립도상), 祭祠求福(제사구복).

술불품 22-15 정령들이 온다 할지라도 괴로움을 없앨 수는 없다

이와 같이 자신을 의지하는 것은 좋은 것도 아니고 최상의 방법도 아니랍니다. 그 정령들이 설사 온다 할지라도 자신의 모든 괴로움을 없앨 수는 없답니다.

自歸如是(자귀여시), 非吉非上(비길비상), 彼不能來(피불능래), 度我衆苦(도아중고).

술불품 22-16 올바른 도와 사성제로 깨달을 수 있다

스스로 돌아가 귀의할 것은 부처님의 정법과 거룩한 무리랍니다. 그들에게는 올바른 도와 덕과 사성제(四聖諦: 고苦·집集·멸滅·도道)가 있으니 반드시 올바른 지혜를 깨달을 수 있답니다.

如有自歸(여유자귀), 佛法聖衆(불법성중), 道德四諦(도덕사체), 必見正慧(필견정혜).

술불품 22-17 팔정도를 잘 지키면 온갖 괴로움을 없앨 수 있다

생과 사는 극심한 고통이지만 진리를 따르면 해탈할 수 있습니다. 세상을 제도하는 팔정도(八正道: 정견正見·정사正思·정어正語·정업正業·정명正命·정정진正精進·정념正念·정정正定)를 잘 지키면 온갖 괴로움을 없앨 수 있답니다.

生死極苦(생사극고), 從諦得度(종체득도), 度世八道(도세팔도), 斯除
衆苦(사제중고).

술불품 22-18 삼보에 귀의하면 모든 괴로움에서 벗어날 수 있다

스스로 삼존인 삼보(三寶: 불佛·법法·승僧)에 귀의하는 것이야말로
가장 좋은 방법입니다. 홀로 있더라도 삼보만 있으면 모든 괴로움
에서 벗어날 수 있답니다.

自歸三尊(자귀삼존), 最吉最上(최길최상), 唯獨有是(유독유시), 度一切
苦(도일체고).

술불품 22-19 중용을 지키고 공정하면서 정도에 뜻을 두고 망설임
이 없다면

사내가 중용을 지키고 공정하면서 정도에 뜻을 두고 망설임이
없다면, 이롭구나! 이 사람은 스스로 부처님에게 귀의할 사람이랍
니다.

士如中正(사여중정), 志道不慳(지도불간), 利哉斯人(이재사인), 自歸佛
者(자귀불자).

술불품 22-20 지혜가 밝은 사람은 그 가치를 따지기도 어렵고

지혜가 밝은 사람은 그 가치를 따지기도 어렵고 또한 비교할 사
람도 없답니다. 그러한 사람이 태어난 곳의 일가친척들은 경사가
넘치게 된답니다.

明人難値(명인난치), 亦不比有(역불비유), 其所生處(기소생처), 族親蒙慶(족친몽경).

술불품 22-21 부처님이 이 세상에 나오신 것은 흥겹고도 유쾌한 일

저 부처님이 이 세상에 나오신 것은 흥겹고도 유쾌한 일이며 도리를 설법한 경전들도 좋은 결과물입니다. 여러 수행자가 모여들어 화합하는 것도 유쾌한 일이니, 모두가 화합하면 세상은 언제나 평안해진답니다.

諸佛興快(제불흥쾌), 說經道快(설경도쾌), 衆聚和快(중취화쾌), 和則常安(화즉상안).

제23장 안녕품(安寧品)

악행을 버리고 선행을 하여 즐거움을 누리고
지옥에 떨어지지 않아야 함

안녕품에서는, 평안한 마음을 얻는 것과 위태로운 상황에 처하는 차이를 들어, 악행을 버리고 선행을 하여 즐거움을 누리고 지옥에 떨어지지 않아야 한다고 밝히고 있습니다.

安寧品者(안녕품자), 差次安危(차차안위), 去惡即善(거악즉선), 快而不墮(쾌이불타).

안녕품 23-1 내 삶은 이미 평안하니 남을 원망하지 않는다

내(부처님) 삶은 이미 평안하니 남을 원망하지도 성내지도 않습니다. 많은 사람들이 원망하는 마음을 지니고 있어도 나는 원망하는 마음 없이 행동한답니다.

我生已安(아생이안), 不慍於怨(불온어원), 衆人有怨(중인유원), 我行無怨(아행무원).

안녕품 23-2 내 삶은 이미 평안하니 질병에 걸려도 병으로 여기지 않는다

내 삶은 이미 평안하니 질병에 걸려도 병으로 여기지 않습니다. 많은 사람들이 질병에 걸려 신음해도 나는 질병에 걸리지 않은 것처럼 행동한답니다.

我生已安(아생이안), 不病於病(불병어병), 衆人有病(중인유병), 我行無病(아행무병).

안녕품 23-3 내 삶은 이미 평안하니 우울함을 걱정거리로 여기지 않는다

내 삶은 이미 평안하니 우울함을 걱정거리로 여기지 않습니다. 많은 사람들이 우울함에 빠져 있어도 나는 우울함에 빠지지 않은 것처럼 행동한답니다.

我生已安(아생이안), 不慼於憂(불척어우), 衆人有憂(중인유우), 我行無憂(아행무우).

안녕품 23-4 내 삶은 이미 평안하니 맑고 깨끗하여 무위로 살아간다

내 삶은 이미 평안하니 맑고 깨끗하여 무위로 살아갑니다. 무위로 살아가는 즐거움을 양식으로 여기니 광음천(光音天: 색계의 18천으로 음성 대신 빛으로 소통하는 곳)에 사는 것과 같답니다.

我生已安(아생이안), 淸淨無爲(청정무위), 以樂爲食(이락위식), 如光音天(여광음천).

안녕품 23-5 내 삶은 이미 평안하니 욕심도 없고 깨끗하여 번잡스러운 일도 없다

내 삶은 이미 평안하니 욕심도 없고 깨끗히여 번잡스러운 일도 없습니다. 땔감이 널려 있고 불덩이가 치솟아도 어찌 나를 불사를 수 있겠습니까?

我生已安(아생이안), 澹泊無事(담박무사), 彌薪國火(미신국화), 安能燒我(안능소아)?

안녕품 23-6 이겨버리면 원망하는 사람이 생기고 져버리면 자괴감에 빠지게 된다

이겨버리면 원망하는 사람이 생기고 져버리면 자괴감에 빠지게 됩니다. 이기고 지는 마음을 없애면 다툼도 없어 마음이 저절로 편안해진답니다.

勝則生怨(승즉생원), 負則自鄙(부즉자비), 去勝負心(거승부심), 無爭自安(무쟁자안).

안녕품 23-7 번뇌를 없애는 것보다 즐거운 것은 없다

음욕보다 뜨거운 것은 없고 화내는 것보다 지독한 것은 없으며, 내 몸이 느끼는 고통보다 큰 것은 없고 번뇌를 없애는 것보다 즐거운 것은 없답니다.

熱無過婬(열무과음), 毒無過怒(독무과노), 苦無過身(고무과신), 樂無過滅(낙무과멸).

안녕품 23-8 보잘것없는 것을 즐기지 말고 보다 큰 것을 추구해야

보잘것없는 것을 즐기지 말고 하찮은 말솜씨나 지혜를 자랑하지 말아야 합니다. 보다 큰 것을 잘 살펴 추구하는 사람만이 이내 큰 평안을 얻을 수 있답니다.

無樂小樂(무락소락), 小辯小慧(소변소혜), 觀求大者(관구대자), 乃獲大安(내획대안).

안녕품 23-9 나 세존은 삼계를 제도하여 마구니들을 항복시켰다

나는 세상의 존귀한 세존으로 영원히 해탈하여 근심이 없습니다. 삼계(욕계慾界·색계色界·무색계無色界)에 존재하는 것들을 올바르게 제도하였으며 홀로 온갖 마구니들을 항복시켰답니다.

我爲世尊(아위세존), 長解無憂(장해무우), 正度三有(정도삼유), 獨降衆魔(독강중마).

안녕품 23-10 성인을 만나니 즐겁고 가까이 의지할 사람을 얻으니

성인을 만나니 즐겁고 가까이 의지할 사람을 얻으니 유쾌합니다. 어리석은 사람들에게서 벗어나 선행을 할 수 있으니 혼자라도 기쁘답니다.

見聖人快(견성인쾌), 得依附快(득의부쾌), 得離愚人(득리우인), 爲善獨快(위선독쾌).

안녕품 23-11 정도를 지키니 즐겁고 뛰어난 불법을 설명하니

정도를 지키니 즐겁고 뛰어난 불법을 설명하니 유쾌합니다. 세상 사람들과 더불어 살며 다투지 않고 계율을 갖추니 늘 즐겁답니다.

守正道快(수정도쾌), 工說法快(공설법쾌), 與世無諍(여세무쟁), 戒具常快(계구상쾌).

안녕품 23-12 현인에게 의지하며 살아가는 즐거움은

현인에게 의지하며 살아가는 즐거움은 가까운 친척들과 함께 모여 사는 것과 같습니다. 어질고 지혜로운 사람을 가까이하면 많이 듣고 배우니 높고도 깊어진답니다.

依賢居快(의현거쾌), 如親親會(여친친회), 近仁智者(근인지자), 多聞高遠(다문고원).

안녕품 23-13 잡다한 것은 버리고 요긴한 것만 취해도 늙어서 평안해진다

명대로 사는 사람은 드물고도 적으니 세상의 잡다한 것은 버리십시오. 마땅히 요긴한 것만 취해 배우면 늙어서도 평안해진답니다.

壽命鮮少(수명선소), 而棄世多(이기세다), 學當取要(학당취요), 令至老安(영지로안).

안녕품 23-14 생사의 고통에서 벗어나길 바란다면

모든 욕망에서 벗어나 감로수 같은 부처님의 말씀을 얻고 탐욕을 버리고 멸성제에 드니 기쁩니다. 생사의 고통에서 벗어나길 바란다면 마땅히 부처님의 감로수 같은 말씀을 맛보고 복용해야 한답니다.

諸欲得甘露(제욕득감로), 棄欲滅諦快(기욕멸제쾌), 欲度生死苦(욕도생사고), 當服甘露味(당복감로미).

제24장 호희품(好喜品)
지나친 기쁨을 억제하고 탐욕을 부리지 않아야 함

호희품에서는, 사람들이 지나친 기쁨을 억제하고 탐욕을 부리지 않는다면 근심과 걱정이 사라짐을 밝히고 있습니다.

好喜品者(호희품자), 禁人多喜(금인다희), 能不貪欲(능불탐욕), 則無憂患(즉무우환).

호희품 24-1 올바른 것은 버리고 좋아하는 것만 취한다면

도리에 어긋난 것은 스스로 따르고, 도리에 맞는 것은 스스로 어깁니다. 이는 곧 올바른 것을 버리고 자기가 좋아하는 것만을 취하는 것으로, 이것이 바로 애욕을 따르는 행위랍니다.

違道則自順(위도즉자순), 順道則自違(순도즉자위), 捨義取所好(사의취소호), 是爲順愛欲(시위순애욕).

호희품 24-2 사랑하든 미워하든 집착하지는 말아야

사랑하는 사람에게 집착하지 말고 미워하는 사람도 있어서는 안 됩니다. 사랑하는 사람을 만나지 못해도 걱정이고 미워하는 사람을 만나더라도 걱정이랍니다.

不當趣所愛(부당취소애), 亦莫有不愛(역막유불애), 愛之不見憂(애지불견우), 不愛見亦憂(불애견역우).

호희품 24-3 집착을 없애버린 사람에게는 사랑도 없고 미움도 없다

그러니 사랑을 만들지 말아야 합니다. 사랑은 증오를 일으키는 곳이니, 이미 이러한 집착을 없애버린 사람에게는 사랑도 없고 미움도 없답니다.

是以莫造愛(시이막조애), 愛憎惡所由(애증악소유), 已除縛結者(이제박결자), 無愛無所憎(무애무소증).

호희품 24-4 사랑의 기쁨 때문에 근심이 생기고 사랑의 기쁨은 두려움을 낳는다

사랑의 기쁨 때문에 근심이 생기고 사랑의 기쁨은 두려움을 낳기도 합니다. 사람의 기쁨이 없다면 무엇을 걱정하고 두려워하겠습니까?

愛喜生憂(애희생우), 愛喜生畏(애희생외), 無所愛喜(무소애희), 何憂何畏(하우하외)?

호희품 24-5 좋아하고 즐거워할 대상이 없다면 무엇을 걱정하고 두려워하겠는가?

좋아하고 즐겁기 때문에 근심이 생기고 좋아하고 즐겁기 때문에 두려움이 생긴답니다. 좋아하고 즐거워할 대상이 없다면 무엇을 걱정하고 두려워하겠습니까?

好樂生憂(호락생우), 好樂生畏(호락생외), 無所好樂(무소호락), 何憂何畏(하우하외)?

호희품 24-6 탐욕이 근심과 두려움을 낳는다

탐욕이 근심을 낳고 탐욕이 두려움도 낳습니다. 탐욕을 없애면 무엇을 근심하고 두려워하겠습니까?

貪欲生憂(탐욕생우), 貪欲生畏(탐욕생외), 解無貪欲(해무탐욕), 何憂何畏(하우하외)?

호희품 24-7 몸소 행하여 도에 가까워지면

정법을 추구해 계율을 이루어 지극히 정성스럽게 행하여 부끄러움을 알고, 몸소 행하여 도에 가까워지면 모든 사람에게 사랑받습니다.

貪法戒成(탐법계성), 至誠知慚(지성지참), 行身近道(행신근도), 爲衆所愛(위중소애).

호희품 24-8 마음속의 탐욕과 애욕을 없앤다면

욕망을 분출하지 않고 바르게 생각한 뒤에 말해야 합니다. 마음속의 탐욕과 애욕을 없앤다면 반드시 생사의 번뇌를 끊고 피안에 이를 수 있답니다.

欲態不出(욕태불출), 思正乃語(사정내어), 心無貪愛(심무탐애), 必截

流渡(필절류도).

호희품 24-9 오랫동안 먼 길을 떠났던 사람이 즐겁게 돌아오면

비유하자면, 오랫동안 먼 길을 떠났던 사람이 즐겁게 돌아오면, 후덕했던 친척이 두루 편안하면, 그가 돌아온 것을 기쁘게 환영한답니다.

譬人久行(비인구행), 從遠吉還(종원길환), 親厚普安(친후보안), 歸來喜歡(귀래희환).

호희품 24-10 이승에서 지은 복덕은 저승에서도 받는다

즐겁게 복을 행하는 사람은 이승에서 저승으로 갈 때, 자신이 지은 복을 받게 됩니다. 마치 친척들이 먼 길을 떠났다가 돌아오는 사람을 반기듯이 맞이한답니다.

好行福者(호행복자), 從此到彼(종차도피), 自受福祚(자수복조), 如親來喜(여친래희).

호희품 24-11 성스러운 가르침은 따르고 선하지 않은 것은 금지해야

성스러운 가르침은 따르고 선하지 않은 것은 금지하면서 억제해야 합니다. 도에 가까이 다가서면 사랑받지만 도에서 멀리 벗어나면 친하게 다가서는 사람도 없답니다.

起從聖教(기종성교), 禁制不善(금제불선), 近道見愛(근도견애), 離道莫親(이도막친).

**호희품 24-12 도를 가까이한 사람은 천국으로, 멀리한 이는 지옥
으로**

도를 가까이했느냐 멀리했느냐에 따라 죽어서 머무는 곳도 다
릅니다. 도를 가까이한 사람은 천국에 오르지만 도를 멀리한 이는
지옥에 떨어진답니다.

近與不近(근여불근), 所住者異(소주자이), 近道昇天(근도승천), 不近墮
獄(불근타옥).

제25장 분노품(忿怒品)
분노하면 해를 입고 자애로우면 하늘도 도움

　분노품에서는, 눈을 부릅뜨며 성을 내면 해를 입고, 너그럽고 넓으면서도 자애롭고 부드러운 마음을 가지면 하늘이 도와주고 사람들에게 사랑받음을 밝히고 있습니다.

　忿怒品者(분노품자), 見瞋恚害(견진에해), 寬弘慈柔(관홍자유), 天祐人愛(천우인애).

분노품 25-1 분노는 정법과 정도를 알지 못하게 한다
　분노하면 정법을 보지 못하고 분노하면 정도를 알지 못합니다. 분노를 없앨 수 있는 사람은 복록이 늘 따르게 된답니다.

　忿怒不見法(분노불견법), 忿怒不知道(분노부지도), 能除忿怒者(능제분노자), 福喜常隨身(복희상수신).

분노품 25-2 음란함과 어리석음을 없앤 사람은
　탐욕스럽고 음란한 사람은 정법을 알아차리지 못하고 마음이 어리석고 못난 사람 또한 그렇답니다. 음란함과 어리석음을 없앤 사람은 가장 존귀한 복덕을 받게 됩니다.

貪婬不見法(탐음불견법), 愚癡意亦然(우치의역연), 除婬去癡者(제음거치자), 其福第一尊(기복제일존).

분노품 25-3 분노를 억제해야 밝은 지혜를 얻는다

달리는 수레를 멈추는 것처럼 분노를 스스로 억제해야 합니다. 분노를 제어하는 사람은 어리석음을 버리고 밝은 지혜를 얻을 수 있답니다.

恚能自制(에능자제), 如止奔車(여지분차), 是爲善御(시위선어), 棄冥入明(기명입명).

분노품 25-4 선행으로 악행을 이겨내야 보시를 할 수 있다

수치를 참아내고 분노를 이겨내고 선행으로 악행을 이겨내야 합니다. 이를 이겨낸 사람은 보시를 할 수 있으며 지극히 참된 마음으로 거짓도 이겨낸답니다.

忍辱勝恚(인욕승에), 善勝不善(선승불선), 勝者能施(승자능시), 至誠勝欺(지성승기).

분노품 25-5 남을 속이지 않고 성내지도 않고 마음속으로 많은 것을 바라지 않으면

남을 속이지 않고 성내지도 않으며 마음속으로 많은 것을 바라지 않아야 합니다. 이 세 가지를 실행하면 죽어서 천상계에 오르게 된답니다.

不欺不怒(불기불노), 意不多求(의불다구), 如是三事(여시삼사), 死則上
天(사즉상천).

분노품 25-6 자애로운 마음으로 살생하지 않으면

늘 스스로 몸을 다스리고 자애로운 마음으로 살생하지 않아야
합니다. 그렇게 하면 천상계에 태어나 피안에 이르고 걱정할 일도
없답니다.

常自攝身(상자섭신), 慈心不殺(자심불살), 是生天上(시생천상), 到彼無
憂(도피무우).

분노품 25-7 늘 깨닫고 깨어나야 해탈하고 열반에 이른다

늘 깨닫고 깨어나서 밤낮으로 꾸준히 배워야 합니다. 모든 번뇌
를 없애고 해탈하여야 열반에 이를 수 있답니다.

意常覺寤(의상각오), 明慕勤學(명모근학), 漏盡意解(누진의해), 可致泥
洹(가치니원).

분노품 25-8 헐뜯고 비방하는 것은 예부터 지금까지 이어지고

사람들이 서로 헐뜯고 비방하는 하는 것은 예부터 지금까지 이
어지고 있습니다. 말이 너무 많다고 헐뜯고 어눌하면 참는다고 헐
뜯으며, 또한 중도로 조화를 꾀한다며 헐뜯으니, 이 세상엔 헐뜯
지 않는 게 없답니다.

人相謗毀(인상방훼), 自古至今(자고지금), 旣毀多言(기훼다언), 又毀

訥忍(우훼눌인), 亦毀中和(역훼중화), 世無不毀(세무불훼).

분노품 25-9 헐뜯고 비방하거나 칭찬하는 것은 자신의 이익과 명예를 위해

탐욕스러운 마음은 깨끗하지 않으니 그것을 제어하지 못하면 한 번은 헐뜯고 또 한 번은 칭찬을 해댑니다. 이러한 행동을 하는 것은 자신들의 이익과 명예를 위해서랍니다.

欲意非聖(욕의비성), 不能制中(불능제중), 一毀一譽(일훼일예), 但爲利名(단위이명).

분노품 25-10 지혜로운 사람은 계율을 잘 지키기에 헐뜯기거나 욕먹지 않는다

밝은 지혜로 칭찬받는 사람은 오직 이러한 현명함 때문에 칭송을 받습니다. 지혜로운 사람은 계율을 잘 지키기에 헐뜯기거나 욕먹지 않는답니다.

明智所譽(명지소예), 唯稱是賢(유칭시현), 慧人守戒(혜인수계), 無所譏謗(무소기방).

분노품 25-11 아라한처럼 깨끗하고 맑아지고 싶다면

아라한(阿羅漢: 불교의 수행자 가운데 가장 높은 경지에 오른 사람)처럼 깨끗하고 맑아지고 싶다면 속이거나 비방하지 말아야 합니다. 여러 사람들이 탄복하고 범천이나 제석천도 칭송하고 있답니다.

如羅漢淨(여라한정), 莫而誣謗(막이무방), 諸人咨嗟(제인자차), 梵釋所

稱(범석소칭).

분노품 25-12 악행을 떨쳐내고 어질고 너그럽게 수양하고 나아가야

늘 몸을 조신하여 지키다 보면 분노하지 않는답니다. 몸에서 악행을 떨쳐내고 어질고 너그럽게 수양하고 나아가야 합니다.

常守愼身(상수신신), 以護瞋恚(이호진에), 除身惡行(제신악행), 進修德行(진수덕행).

분노품 25-13 입에서 나쁜 말을 없애고 정법의 말씀을 익혀 암송해야

늘 말을 조신하게 하면 분노하지 않는답니다. 입에서 나쁜 말을 없애고 정법의 말씀을 익혀 암송해야 합니다.

常守愼言(상수신언), 以護瞋恚(이호진에), 除口惡言(제구악언), 誦習法言(송습법언).

분노품 25-14 마음에서 나쁜 생각을 없애고 정도만을 생각해야

늘 마음을 조신하게 하면 분노하지 않는답니다. 마음에서 나쁜 생각을 없애고 정도만을 생각해야 합니다.

常守愼心(상수신심), 以護瞋恚(이호진에), 除心惡念(제심악념), 思惟念道(사유념도).

분노품 25-15 분노를 없애고 정도를 수행하면

몸을 절제하고 말을 조신하면 마음을 가다듬어 지킬 수 있습니다.

분노를 없애고 정도를 수행하면 욕먹지 않고 가장 강해진답니다.

節身慎言(절신신언), 守攝其心(수섭기심), 捨恚行道(사에행도), 忍辱最強(인욕최강).

분노품 25-16 명예나 정욕에 집착하지 않으면

화를 버리고 교만을 멀리하면서 모든 애욕과 탐욕을 피해야 합니다. 명예나 정욕에 집착하지 않으면 무위로 살아가게 되어 괴로움은 사라지게 된답니다.

捨恚離慢(사에이만), 避諸愛貪(피제애탐), 不著名色(부저명색), 無爲滅苦(무위멸고).

분노품 25-17 사리분별에 밝지 못한 교만을 버리면

분노가 일면 분노에서 벗어나야 하고 음욕이 생기면 스스로 자제해야 합니다. 사리분별에 밝지 못한 교만을 버리면 평안함을 얻게 된답니다.

起而解怒(기이해노), 婬生自禁(음생자금), 捨不明健(사불명건), 斯皆得安(사개득안).

분노품 25-18 분노와 화를 없애면 음욕이나 근심도 사라진다

분노를 끊어버리면 편안하게 누울 수 있고 화를 없애면 음욕이나 근심도 사라집니다. 분노는 모든 독소의 뿌리랍니다. 마음이 부드러운 수행자는 좋은 말을 들으며 인위적인 행위마저 끊어버리니 걱정이 없답니다.

瞋斷臥安(진단와안), 恚滅婬憂(에멸음우), 怒爲毒本(노위독본), 軟意梵志(연의범지), 言善得譽(언선득예), 斷爲無患(단위무환).

분노품 25-19 서로 가까워도 거짓말을 하며 악행을 일삼으면

뜻이 같아 서로 가까워도 거짓말(詳: 거짓 양)을 하며 악행을 일삼으면, 서로 헤어진 후에는 분노만 남아 자신을 불길에 태우듯 괴롭힙니다.

同志相近(동지상근), 詳爲作惡(양위작악), 後別餘恚(후별여에), 火自燒惱(화자소뇌).

분노품 25-20 분노에 이끌리면 더욱 화만 내게 된다

부끄러움과 괴로움을 알지 못하면 계율을 지키지 못하고 분노만 남는답니다. 분노에 이끌리면 분노를 물리치지도 못하고 더욱 화만 내게 됩니다.

不知慚愧(부지참괴), 無戒有怒(무계유노), 爲怒所牽(위노소견), 不厭有務(불염유무).

분노품 25-21 힘이 있으면 무력에 가까워지고 힘이 없으면 연약함에 가까워진다

힘이 있으면 무력에 가까워지고 힘이 없으면 연약함에 가까워집니다. 대체로 참는 것이 최상이니, 연약한 사람에게는 마땅히 참아야 합니다.

有力近兵(유력근병), 無力近軟(무력근연), 夫忍爲上(부인위상), 宜常

忍贏(의상인리).

분노품 25-22 많은 사람들이 만만하게 여기고 덤비더라도

많은 사람들이 만만하게 여기고 덤비더라도 힘 있는 사람은 참아야 합니다. 대체로 참는 것이 최상이니, 연약한 사람에게는 마땅히 참아야 합니다.

擧衆輕之(거중경지), 有力者忍(유력자인), 夫忍爲上(부인위상), 宜常忍贏(의상인리).

분노품 25-23 다른 사람과 함께할 때는 세 가지를 유념해야

내가 다른 사람과 함께할 때는 세 가지를 유념해야 합니다. 이것은 상대의 행동을 아는 것이고, 마땅히 나의 사욕을 없애는 것이고, 중용을 지키는 것입니다.

自我與彼(자아여피), 大畏有三(대외유삼), 如知彼作(여지피작), 宜滅己中(의멸기중).

분노품 25-24 모두가 의로움을 실행해야 한다

다른 사람이나 나나 모두가 의로움을 실행해야 합니다. 내가 다른 사람을 가르치게 되더라도, 다른 사람이 하려고 하는 일을 알게 되면 마땅히 나의 사욕을 없애야 하고 중용을 지켜야 한답니다.

俱兩行義(구량행의), 我爲彼教(아위피교), 如知彼作(여지피작), 宜滅己中(의멸기중).

분노품 25-25 이기고자 하는 사람은 침묵으로 일관한다

어렵게 얻은 지혜가 어리석음을 물리치니 상대가 거친 말이나 악설을 퍼부어도, 늘 이기고자 하는 사람은 말하지 않고 침묵으로 일관합니다.

苦智勝愚(고지승우), 麤言惡說(추언악설), 欲常勝者(욕상승자), 於言宜默(어언의묵).

분노품 25-26 분노를 분노로 갚지 말아야

대체로 악행을 일삼는 사람은 분노를 분노로 갚습니다. 분노를 분노로 갚지 않으면 다른 사람과 싸워서 지더라도 이긴 겁니다.

夫爲惡者(부위악자), 怒有怒報(노유노보), 怒不報怒(노불보노), 勝彼鬪負(승피투부).

제26장 진구품(塵垢品)

맑고 명백한 것은 배우되 더럽고 욕된 것은 행하지 않아야 함

진구품에서는, 맑고 탁한 것을 명확하게 분별하고, 마땅히 맑고 명백한 것은 배워야 하지만 더럽고 욕된 것은 행하지 말 것을 밝히고 있습니다.

塵垢品者(진구품자), 分別淸濁(분별청탁), 學當潔白(학당결백), 無行污辱(무행오욕).

진구품 26-1 선행을 하지 않으면 죽어서 악도에 떨어진다

살아가면서 선행을 하지 않으면 죽어서 지옥 같은 악도에 떨어집니다. 잠시도 쉴 틈 없이 걸어가려 하니 거기에 이르러서는 노잣돈도 한 푼 없답니다.

生無善行(생무선행), 死墮惡道(사타악도), 住疾無間(주질무간), 到無資用(도무자용).

진구품 26-2 지혜를 추구하면 마음이 안정된다

마땅히 지혜를 추구하면 그에 따라 마음이 안정됩니다. 묵은때를 없애고 더러운 것에 물들지 않으면 고통스러운 육신에서 벗어날 수 있답니다.

當求智慧(당구지혜), 以然意定(이연의정), 去垢勿污(거구물오), 可離苦形(가리고형).

진구품 26-3 지혜로운 사람은 마음의 때를 깨끗이 씻어 없앤다

지혜로운 사람은 점차 편안하게 조금씩 정진하면서 마음의 때를 깨끗이 씻어 없앤답니다. 마치 연금술사가 금붙이를 단련시키는 것처럼.

慧人以漸(혜인이점), 安徐稍進(안서초진), 洗除心垢(세제심구), 如工鍊金(여공련금).

진구품 26-4 악행은 자신의 몸을 망친다

악행은 마음에서 생겨나 자신의 몸을 망친답니다. 마치 쇠붙이가 녹슬어 그 자신을 잠식하여 삭여버리는 것처럼.

惡生於心(악생어심), 還自壞形(환자괴형), 如鐵生垢(여철생구), 反食其身(반식기신).

진구품 26-5 자신에게 엄하지 않으면 명색을 더럽힌다

글을 읽어 암송하지 않으면 그 말씨가 더럽혀지고, 부지런하지 않으면 집안이 더럽혀집니다. 자신에게 엄하지 않으면 명색을 더럽히고, 방자하고 안일해져 하는 일마다 더럽혀집니다.

不誦爲言垢(불송위언구), 不勤爲家垢(불근위가구), 不嚴爲色垢(불엄위색구), 放逸爲事垢(방일위사구).

진구품 26-6 지나친 인색함은 보시를 부끄럽게 하고

지나친 인색함은 은혜로이 베풀려는 보시를 부끄럽게 하고, 선하지 않은 행위는 오점이 되기도 합니다. 이 세상에서나 다음 세상에서도 악법에 물든 행위는 늘 오점을 남기게 된답니다.

慳爲惠施垢(간위혜시구), 不善爲行垢(불선위행구), 今世亦後世(금세역후세), 惡法爲常垢(악법위상구).

진구품 26-7 배우고 익혀 마땅히 악행을 버려야

수치 중의 수치로 어리석음보다 수치스러운 것은 없습니다. 배우고 익혀 마땅히 악행을 버려야 합니다. 수행자 비구는 수치심이 없답니다.

垢中之垢(구중지구), 莫甚於癡(막심어치), 學當捨惡(학당사악), 比丘無垢(비구무구).

진구품 26-8 부끄럽지 않은 삶과 더러운 삶의 차이

진실로 부끄럽지 않은 삶은 새의 긴 부리와 같습니다. 철면피 같은 얼굴로 치욕스러움을 견디면 이름하여 더러운 삶이라 한답니다.

苟生無恥(구생무치), 如鳥長喙(여조장훼), 強顏耐辱(강안내욕), 名曰

穢生(명왈예생).

진구품 26-9 청렴하게 살면서 부끄러움을 아는 삶이 힘들더라도

청렴하게 살면서 부끄러움을 아는 삶이 비록 힘들어도 의롭고 맑고 깨끗하게 살아야 합니다. 치욕스러움을 피하고 망령되지 않으면 이름하여 정결한 삶이라 한답니다.

廉恥雖苦(염치수고), 義取淸白(의취청백), 避辱不妄(피욕불망), 名曰潔生(명왈결생).

진구품 26-10 어리석은 사람은 살생을 좋아하고 말에는 정성스러움과 진실마저 없다

어리석은 사람은 살생을 좋아하고 말에는 정성스러움과 진실마저 없답니다. 주지도 않았는데 빼앗고, 남의 부인마저 범하기를 좋아하는 사람은 어리석은 사람입니다.

愚人好殺(우인호살), 言無誠實(언무성실), 不與而取(불여이취), 好犯人婦(호범인부).

진구품 26-11 계율을 어기고 술독에 빠져 정신마저 미혹된 사람은

마음대로 계율을 어기고 술독에 빠져 정신마저 미혹된 사람은, 대를 이어 스스로 자신의 근본을 망치는 셈입니다.

逞心犯戒(영심범계), 迷惑於酒(미혹어주), 斯人世世(사인세세), 自掘身本(자굴신본).

진구품 26-12 어리석은 사람은 그릇된 법을 가까이하여

사람들이 이러한 사실을 깨달았다면 마땅히 악행을 생각하지도 않을 겁니다. 어리석은 사람은 그릇된 법을 가까이하여 영원히 자신을 불구덩이에 던져버린답니다.

人如覺是(인여각시), 不當念惡(부당념악), 愚近非法(우근비법), 久自燒沒(구자소몰).

진구품 26-13 명예욕을 높이려는 사람은 사람들을 모아놓고 허례허식을 일삼으니

믿음에 따라 보시를 한다면서 명예욕을 높이려는 사람들은, 사람들을 모아놓고 허례허식을 일삼으니, 그래서는 맑고 깨끗한 선정에는 들지 못한답니다.

若信布施(약신보시), 欲揚名譽(욕양명예), 會人虛飾(회인허식), 非入淨定(비입정정).

진구품 26-14 모든 탐욕을 끊어버리고 그 근원마저 잘라버려야

모든 탐욕을 끊어버리고 그 근원마저 잘라버려야 합니다. 밤낮으로 한결같이 탐욕을 없애다 보면, 반드시 선정에 들 수 있답니다.

一切斷欲(일체단욕), 截意根原(절의근원), 晝夜守一(주야수일), 必入定意(필입정의).

진구품 26-15 때가 묻어 더럽혀지고 물들면 번뇌가 생긴다

때가 묻어 더럽혀지고 물들면 세상에 대한 번뇌가 생깁니다. 물들지도 않고 행하지도 않으면 깨끗해져 어리석음에서 벗어나게 됩니다.

著垢爲塵(착구위진), 從染塵漏(종염진루), 不染不行(불염불행), 淨而離愚(정이리우).

진구품 26-16 자신이 번뇌에 휩싸여 있음을 깨닫고 항상 자신의 내면을 성찰해야

자신이 번뇌에 휩싸여 있음을 깨닫고 항상 자신의 내면을 성찰해야 합니다. 번뇌에 따라 행동하면 자신을 속이게 되니 번뇌를 없애면 더러움도 없어진답니다.

見彼自侵(견피자침), 常內自省(상내자성), 行漏自欺(행루자기), 漏盡無垢(누진무구).

진구품 26-17 음욕보다 뜨거운 것은 없고 분노보다 빠른 것은 없다

음욕보다 뜨거운 것은 없고 분노보다 빠른 것은 없습니다. 어리석음보다 빽빽한 그물은 없고 애욕으로 치달아가는 흐름은 강물보다도 빠르답니다.

火莫熱於婬(화막열어음), 捷莫疾於怒(첩막질어노), 網莫密於癡(망막밀어치), 愛流駛乎河(애류사호하).

진구품 26-18 많은 사람들이 악행을 즐기지만

텅 빈 하늘에는 수레바퀴의 흔적도 없고 수행자 사문은 다른 의도도 없습니다. 많은 사람들이 악행을 즐기지만 오직 부처님은 청정무구하십니다.

虛空無轍迹(허공무철적), 沙門無外意(사문무외의), 衆人盡樂惡(중인진락악), 唯佛淨無穢(유불정무예).

진구품 26-19 세상의 모든 것들은 영원하지 않으니

텅 빈 하늘에는 수레바퀴의 흔적도 없고 수행자 사문은 다른 의도도 없습니다. 세상의 모든 것들은 영원하지 않으니 부처님께서는 자신의 소유라고 내세우지 않으십니다.

虛空無轍迹(허공무철적), 沙門無外意(사문무외의), 世間皆無常(세간개무상), 佛無我所有(불무아소유).

제27장 봉지품(奉持品)
탐욕과 사치는 활용하지 말아야 함

봉지품에서는, 바른 도의 뜻을 풀어서 밝혔습니다. 정법은 덕행을 존귀하게 여기니 탐욕과 사치는 활용하지 말아야 함을 설명하고 있습니다.

奉持品者(봉지품자), 解說道義(해설도의), 法貴德行(법귀덕행), 不用貪侈(불용탐치).

봉지품 27-1 정도를 좋아하는 사람은 탐욕이 없어 미혹되지 않는다

불경의 정도를 좋아하는 사람은 이익을 얻기 위해 다투지 않습니다. 이익이 되든 안 되든 탐욕이 없기 때문에 미혹되지도 않는답니다.

好經道者(호경도자), 不競於利(불경어리), 有利無利(유리무리), 無欲不惑(무욕불혹).

봉지품 27-2 늘 힘써 배우기를 좋아하는 사람은 올바른 마음으로 수행한다

늘 힘써 배우기를 좋아하는 사람은 올바른 마음으로 수행합니다. 보배로운 지혜를 가슴에 품은 사람을 일러 오직 정도를 추구한다고 말한답니다.

常愍好學(상민호학), 正心以行(정심이행), 擁懷寶慧(옹회보혜), 是謂爲道(시위위도).

봉지품 27-3 지혜로운 사람은 반드시 언변이 뛰어날 필요는 없다

이른바 지혜로운 사람은 반드시 언변이 뛰어날 필요는 없습니다. 어떠한 공포에 휩싸이거나 두려움도 없이 선행하기 때문에 지혜로운 거랍니다.

所謂智者(소위지자), 不必辯言(불필변언), 無恐無懼(무공무구), 守善爲智(수선위지).

봉지품 27-4 정법을 받들어 잘 지키는 사람은 말이 많을 필요는 없다

정법을 받들어 잘 지키는 사람은 말이 많을 필요는 없습니다. 비록 들은 게 적을지라도 몸을 정법에 의지하며 행동하기 때문에, 도리를 지키면서도 잊어버리지 않기에 정법을 받든다고 할 수 있답니다.

奉持法者(봉지법자), 不以多言(불이다언), 雖素少聞(수소소문), 身依法行(신의법행), 守道不忘(수도불망), 可謂奉法(가위봉법).

봉지품 27-5 겉모습이 주름지고 백발이더라도 지혜롭지 않으면 늙은이에 불과할 뿐

이른바 늙은이라 말하는 것은 반드시 나이가 많아서만은 아니랍니다. 겉모습이 주름지고 백발이더라도 지혜롭지 않고 아둔하고 어리석으면 늙은이에 불과할 뿐이랍니다.

所謂老者(소위로자), 不必年耆(불필년기), 形熟髮白(형숙발백), 憃愚而已(창우이이).

봉지품 27-6 장로는 어떤 사람?

이른바 진리와 정법을 마음에 품고 자애로움과 어짊으로 모든 일을 순조롭게 행하면서도 밝고 깊은 지혜로 맑고 깨끗하면, 이러한 사람을 일러 학식과 경험이 풍부한 장로라고 한답니다.

謂懷諦法(위회체법), 順調慈仁(순조자인), 明遠清潔(명원청결), 是爲長老(시위장로).

봉지품 27-7 단정한 사람이란?

이른바 단정한 사람은 얼굴이 꽃처럼 아름다운 것만은 아니랍니다. 인색하고 질투하며 겉치레로 꾸미거나 말과 행실이 어긋나서는 안 됩니다.

所謂端政(소위단정), 非色如花(비색여화), 慳嫉虛飾(간질허식), 言行有違(언행유위).

봉지품 27-8 지혜로우면서 화내지 않으면 근원을 잘 다스린 것

악행을 저버릴 수 있는 것은 그 근원을 이미 끊어버렸기 때문입니다. 지혜로우면서 화내지 않으면 근원을 잘 다스린 것이라고 한답니다.

謂能捨惡(위능사악), 根原已斷(근원이단), 慧而無恚(혜이무에), 是爲端政(시위단정).

봉지품 27-9 머리를 깎았다고 수행자 사문은 아니다

이른바 수행자 사문은 반드시 머리를 깎았다고 되는 것은 아니랍니다. 망언을 일삼고 탐욕스럽게 남의 것을 빼앗고 욕망에 사로잡히면 그저 흔한 범부일 뿐이랍니다.

所謂沙門(소위사문), 非必除髮(비필제발), 妄語貪取(망어탐취), 有欲如凡(유욕여범).

봉지품 27-10 수행자 사문이란?

악행을 멈출 수 있으면서 도량이 넓고도 크면서 정도를 널리 알리는 사람, 마음을 쉬게 하면서 사사로운 감정을 없애버린 사람, 이러한 사람을 수행자 사문이라 한답니다.

謂能止惡(위능지악), 恢廓弘道(회곽홍도), 息心滅意(식심멸의), 是爲沙門(시위사문).

봉지품 27-11 사사로이 음탕한 짓을 일삼으면 비구는 헛된 호칭일 뿐

이른바 수행자 비구는 때에 맞추어 탁발이나 걸식만을 일삼는 사람은 아니랍니다. 사사로이 음탕한 짓을 일삼으면 비구는 헛된 호칭일 뿐이랍니다.

所謂比丘(소위비구), 非時乞食(비시걸식), 邪行婬彼(사행음피), 稱名而已(칭명이이).

봉지품 27-12 수행자 비구란?

이른바 죄악과 복록을 버리고 음욕을 끊고 맑고 깨끗하게 심신을 닦는 사람, 지혜로움으로 악행을 끝낼 수 있는 사람, 이러한 사람을 수행자 비구라 한답니다.

謂捨罪福(위사죄복), 淨修梵行(정수범행), 慧能破惡(혜능파악), 是爲比丘(시위비구).

봉지품 27-13 인명(仁明)이란?

이른바 인명(仁明)이란 말하는 것뿐 아니라 마음 씀씀이가 깨끗한 것, 겉뿐 아니라 속까지 깨끗한 것을 이른답니다.

所謂仁明(소위인명), 非口不言(비구불언), 用心不淨(용심부정), 外順而已(외순이이).

봉지품 27-14 어질고도 밝은 성인이란?

마음에서 무위를 실천하고 마음속을 맑게 텅 비우는 수행으로, 이곳에서든 저곳에서든 번뇌 없이 고요한 적멸에 드는 것을 인명이라 한답니다.

謂心無爲(위심무위), 內行淸虛(내행청허), 此彼寂滅(차피적멸), 是爲

仁明(시위인명).

봉지품 27-15 널리 천하를 구제하는 것이 정도

이른바 정도를 추구하면 하나의 사물만 구제하는 것이 아니랍니다. 널리 천하를 구제하여 어떠한 해로움도 없게 하는 것이 정도랍니다.

所謂有道(소위유도), 非救一物(비구일물), 普濟天下(보제천하), 無害爲道(무해위도).

봉지품 27-16 선정을 얻은 사람은 덜어내고 굳게 걸어 잠근다

지켜야 할 계율이 많다고만 말하지 말고 자신의 수행에 정성을 다해야 합니다. 선정을 얻은 사람의 요령은 번뇌를 덜어내고 굳게 걸어 잠근 데서 말미암은 것이랍니다.

戒衆不言(계중불언), 我行多誠(아행다성), 得定意者(득정의자), 要由閉損(요유폐손).

봉지품 27-17 번뇌를 쓸어내지 않으면 해탈하지 못하다

마음의 번뇌에서 벗어나 평안함을 찾으려 한다면 보통사람들의 행태는 답습하지 않아야 합니다. 이미 맺힌 번뇌를 모두 쓸어내지 않으면 해탈할 수 없답니다.

意解求安(의해구안), 莫習凡人(막습범인), 使結未盡(사결미진), 莫能得脫(막능득탈).

제28장 도행품(道行品)

중생을 제도하여 번뇌에서 벗어나게 함

도행품에서는, 부처님 말씀의 요지는 중생을 제도(濟度)하여 번 뇌와 미망에서 벗어나는 길임을 밝히고 있는데, 이러한 것은 지극 히 오묘한 것이랍니다.

道行品者(도행품자), 旨說大要(지설대요), 度脫之道(도탈지도), 此爲極 妙(차위극묘).

도행품 28-1 팔정도와 사성제는 수행자 사문의 등불

팔정도(八正道: 정견正見·정사正思·정언正言·정업正業·정명正命·정정진正精 進·정념正念·정정正定)는 가장 뛰어난 도이며, 사성제(四聖諦: 고苦·집集· 멸滅·도道)는 불법의 자취입니다. 모든 존재 중에서 욕망을 버리는 존재가 가장 뛰어나고, 모든 사람 가운데 눈 밝은 사람이 가장 뛰 어납니다.

八直最上道(팔직최상도), 四諦爲法迹(사제위법적), 不婬行之尊(불음행 지존), 施燈必得眼(시등필득안).

도행품 28-2 정도로 마구니의 무리를 무너뜨릴 수 있으니

정도를 받들면 다시는 두려움이 생기기 않으니 이를 깨닫고 이 세상을 제도해야 합니다. 이 정도로 마구니의 무리를 무너뜨릴 수 있으니 힘껏 실행하여 사악한 고통을 없애야 합니다.

是道無復畏(시도무복외), 見淨乃度世(견정내도세), 此能壞魔兵(차능괴마병), 力行滅邪苦(역행멸사고).

도행품 28-3 내가 이미 정도를 열었으니 듣고 배워 삿된 속박에서 벗어나길

내(부처님)가 이미 정도를 열어 위대한 밝음을 크게 드러냈고, 이미 들어 배웠으니 마땅히 스스로 실행하면 이내 삿된 속박에서 벗어날 수 있답니다.

我已開正道(아이개정도), 爲大現異明(위대현이명), 已聞當自行(이문당자행), 行乃解邪縛(행내해사박).

도행품 28-4 정도를 수행하여 모든 고뇌를 없애야

삶과 죽음은 영원한 고통은 아니랍니다. 잘 관찰하여 깨달으면 지혜로워지니 모든 괴로움에서 벗어나고자 한다면 정도를 수행하여 모든 고뇌를 없애야 합니다.

生死非常苦(생사비상고), 能觀見爲慧(능관견위혜), 欲離一切苦(욕리일체고), 行道一切除(행도일체제).

도행품 28-5 오직 정도를 부지런히 수행해야

나고 죽는 것은 항상 부질없는 것은 아니랍니다. 잘 관찰하여 깨달으면 지혜로워지니 모든 괴로움에서 벗어나고자 한다면 오직 정도를 부지런히 수행해야 한답니다.

生死非常空(생사비상공), 能觀見爲慧(능관견위혜), 欲離一切苦(욕리일체고), 但當勤行道(단당근행도).

도행품 28-6 어리석게 생사의 연못을 뒤덮지는 말아야

일어날 때는 마땅히 일어나고 어리석게 생사의 연못을 뒤덮지는 말아야 합니다. 무리에 떨어지면 무리를 살피지 못하고 계획도 파기한 채 정도에 이르지 못합니다.

起時當即起(기시당즉기), 莫如愚覆淵(막여우복연), 與墮無瞻聚(여타무첨취), 計罷不進道(계파부진도).

도행품 28-7 생각할 것을 생각하면 올바른 것이고

응당 생각할 것을 생각하면 올바른 것이고 생각하지 말아야 할 것을 생각하면 그릇된 겁니다. 지혜로움으로 그릇된 일들을 하지 않고 생각이 올바르면 이내 정도가 이루어진답니다.

念應念則正(염응념즉정), 念不應則邪(염불응즉사), 慧而不起邪(혜이불기사), 思正道乃成(사정도내성).

도행품 28-8 세 가지 행동을 잘 다스린다면

말을 삼가면서 생각을 지키고 몸으로는 선하지 않는 것을 실행하지 말아야 합니다. 만약 이 세 가지 행동(신身·구口·의意)을 잘 다스린다면 부처님께서는 득도할 것이라고 말씀하셨답니다.

愼言守意念(신언수의념), 身不善不行(신불선불행), 如是三行除(여시삼행제), 佛說是得道(불설시득도).

도행품 28-9 수행자 비구가 열반에 이르려 한다면

나무를 자르고 뿌리를 뽑지 않으면 남아 있는 그 뿌리에서 다시 살아난답니다. 뿌리마저 제거하면 나무는 사라집니다. 이와 같이 하면 수행자 비구는 비로소 열반에 이를 수 있답니다.

斷樹無伐本(단수무벌본), 根在猶復生(근재유부생), 除根乃無樹(제근내무수), 比丘得泥洹(비구득니원).

도행품 28-10 번뇌의 나무를 잘라내지 못하면

번뇌의 나무를 베어낼 수 없다면 친척들이 서로를 그리워하는 것처럼 탐욕이 자신을 얽어맨답니다. 마치 수송아지가 어미젖을 그리워하는 것처럼.

不能斷樹(불능단수), 親戚相戀(친척상련), 貪意自縛(탐의자박), 如犢慕乳(여독모유).

도행품 28-11 보다 빨리 열반에 이르려면

마음 깊은 곳에 자리한 욕망의 뿌리를 베어낼 수 있다면 삶과 죽음의 경계도 사라집니다. 이렇게 하여 도에 가까워지면 보다 빨리 열반에 이를 수 있답니다.

能斷意本(능단의본), 生死無彊(생사무강), 是爲近道(시위근도), 疾得泥洹(질득니원).

도행품 28-12 음욕과 분노와 어리석음을 없애야 득도한다

음욕을 탐하면 늙음에 이르게 하고, 분노하면 질병에 이르게 하며, 못난 어리석음은 죽음에 이르게 한답니다. 이 세 가지를 없애면 득도할 수 있습니다.

貪婬致老(탐음치로), 瞋恚致病(진에치병), 愚癡致死(우치치사), 除三得道(제삼득도).

도행품 28-13 모든 생각을 소멸시키면 다시 늙고 죽지 않는다

전생에서도 벗어나고 후생에서도 벗어나고 현생에서도 벗어나면 피안에 이를 수 있습니다. 모든 생각을 소멸시키면 다시 죽지 않는답니다.

釋前解後(석전해후), 脫中度彼(탈중도피), 一切念滅(일체념멸), 無復老死(무복노사).

도행품 28-14 죽음은 어느 날 갑자기 찾아드는 법

사람들은 아내와 자식들을 위해 살다 보면 자신의 몸이 병들어 가는 것도 관찰하지 못합니다. 죽음의 운명은 어느 날 갑자기 찾아드는 법, 마치 급류로 소용돌이치며 휩쓸어가는 물처럼.

人營妻子(인영처자), 不觀病法(불관병법), 死命卒至(사명졸지), 如水湍驟(여수단취).

도행품 28-15 부모와 자식 간에도 서로 구제하지 못하는데

부모와 자식 간에도 서로 구제하지 못하는데 친척들에게 무엇을 바라겠습니까? 목숨이 다하도록 친척들에게 의지하는 것은 마치 맹인에게 등불을 지키게 하는 것과 같답니다.

父子不救(부자불구), 餘親何望(여친하망)? 命盡怙親(명진호친), 如盲守燈(여맹수등).

도행품 28-16 부지런히 수행하여 세상을 제도하고 모든 고통을 사라지게 해야

지혜로운 사람은 이러한 뜻을 깨달아 부처님의 말씀이 담긴 경전과 계율을 익힐 수 있습니다. 그러니 부지런히 수행하여 세상을 제도하고 모든 고통을 사라지게 해야 한답니다.

慧解是意(혜해시의), 可修經戒(가수경계), 勤行度世(근행도세), 一切除苦(일체제고).

도행품 28-17 생사의 연못에서 멀리 떠나야

생사의 연못에서 멀리 떠나야 합니다. 마치 바람이 구름을 걷어내듯이. 이미 헛된 상념을 없앤 사람을 번뇌의 속박에서 벗어나 지혜와 견문을 갖춘 사람이라고 한답니다.

遠離諸淵(원리제연), 如風却雲(여풍각운), 已滅思想(이멸사상), 是爲知見(시위지견).

도행품 28-18 지혜로운 사람은 올바른 가르침을 받아들여 생사의 고뇌에서 벗어난다

지혜로운 사람은 세상에서 뛰어난 사람으로 무위를 실천하고 편안하고 즐겁게 살아갑니다. 올바른 가르침을 받아들여 생사의 고뇌에서 벗어난답니다.

智爲世長(지위세장), 悇樂無爲(담락무위), 知受正教(지수정교), 生死得盡(생사득진).

도행품 28-19 모든 행위가 헛된 것임을 깨달아 아는 것

모든 행위가 헛된 것임을 깨달아 아는 것, 이것을 혜견(慧見)이라고 합니다. 세상사에 집착하지 않으면서 정도를 따라 온갖 고뇌를 없애야 합니다.

知衆行空(지중행공), 是爲慧見(시위혜견), 罷厭世苦(파염세고), 從是道除(종시도제).

도행품 28-20 모든 행위가 괴로움에서 비롯된 것임을 알아채는 것

모든 행위가 괴로움에서 비롯된 것임을 알아채는 것, 이것을 혜견이라고 합니다. 세상사에 집착하지 않으면서 정도를 따라 온갖 고뇌를 없애야 합니다.

知衆行苦(지중행고), 是爲慧見(시위혜견), 罷厭世苦(파염세고), 從是道除(종시도제).

도행품 28-21 모든 것이 내 것이 아니라는 것을 아는 것

모든 것이 내 것이 아니라는 것을 아는 것, 이를 혜견이라고 합니다. 세상사에 집착하지 않으면서 정도를 따라 온갖 고뇌를 없애야 합니다.

衆行非身(중행비신), 是爲慧見(시위혜견), 罷厭世苦(파염세고), 從是道除(종시도제).

도행품 28-22 스스로 힘써 여래의 말씀을 받아들여야

내(법구) 여러분에게 정법을 말하였으니 애욕이라는 독화살을 맞았을 때는, 마땅히 스스로 힘써 여래의 말씀을 받아들여야 한답니다.

吾語汝法(오어여법), 愛箭爲射(애전위사), 宜以自勗(의이자욱), 受如來言(수여래언).

도행품 28-23 도를 보는 지혜로운 눈

나(부처님)는 모든 집착을 없애고 가고 오는 것, 나고 죽는 것을 이미 마쳤습니다. 한 가지만 깨달은 게 아니니 도를 보는 지혜로운 눈으로 삼기 바랍니다.

吾爲都以滅(오위도이멸), 往來生死盡(왕래생사진), 非一情以解(비일정이해), 所演爲道眼(소연위도안).

도행품 28-24 진리의 감로수를 마시고 행하라

치달리는 강물은 바다로 흘러들어 소용돌이치고 출렁거리며 빠

르게 차오릅니다. 그러므로 지혜로운 사람에게 말하노니 진리의
감로수를 마시고 행하기 바랍니다.

駛流澍于海(사류주우해), 潘水漾疾滿(반수양질만), 故爲智者說(고위지
자설), 可趣服甘露(가취복감로).

도행품 28-25 예를 갖추고 삼계를 건너라

이전에 들은 적이 없는 법륜을 가엾은 중생을 위해 굴리시니,
이를 받들어 섬기는 사람은 예를 갖추고 삼계(三界: 중생이 왕래하는
세 가지 세계로 욕계, 색계, 무색계)를 건너가기 바랍니다.

前未聞法輪(전미문법륜), 轉爲哀衆生(전위애중생), 於是奉事者(어시봉
사자), 禮之度三有(예지도삼유).

도행품 28-26 세 번 생각해야 선행을 생각할 수 있다

세 번 생각해야 선행을 생각할 수 있으며 세 번 다시 생각하면
선행을 하지 않을 수 없습니다. 생각에 따라 행하게 되니 번뇌를
없애고 바르게 끊어내야 한답니다.

三念可念善(삼념가념선), 三亦難不善(삼역난불선), 從念而有行(종념이
유행), 滅之爲正斷(멸지위정단).

도행품 28-27 삼보를 얻고 삼악도에서 벗어나면

세 번 선정에 들어 생각을 바꾸면 의지하던 것을 버리고 행할
것은 끝없이 많아진답니다. 삼보(불佛·법法·승僧)를 얻고 삼악도(三惡
道: 악인이 죽어서 가는 세 가지의 괴로운 세계, 지옥계·아귀계·축생계)를 벗

어나면 번뇌에서 벗어나 옳은 생각을 실행할 수 있답니다.

三定爲轉念(삼정위전념), 棄猗行無量(기의행무량), 得三三窟除(득삼삼굴제), 解結可應念(해결가응념).

도행품 28-28 마음속 번뇌를 없애고 모든 것에서 벗어나야

계율로써 악행을 금하고 지혜롭게 사유하는 것을 즐겨야 합니다. 이미 세상에서 이룰 것과 이루지 못할 것을 깨닫고 모든 것에서 벗어나야 합니다.

知以戒禁惡(지이계금악), 思惟慧樂念(사유혜락념), 已知世成敗(이지세성패), 息意一切解(식의일체해).

제29장 광연품(廣衍品)
작은 것이 쌓여 크게 됨

광연품에서는, 모든 선과 악을 말하면서 작은 것들이 쌓여 크게 됨을 장과 구절에서 그에 대한 글들로 논증하고 있습니다.

廣衍品者(광연품자), 言凡善惡(언범선악), 積小致大(적소치대), 證應章句(증응장구).

광연품 29-1 보시가 비록 작을지라도 그 보답은 더욱 커진다

보시(布施)가 비록 작을지라도 그 보답은 더욱 커지게 됩니다. 지혜롭게 작은 것부터 베풀더라도 크나큰 복덕을 받게 된답니다.

施安雖小(시안수소), 其報彌大(기보미대), 慧從小施(혜종소시), 受見景福(수견경복).

광연품 29-2 남을 수고롭게 하면서 도움을 받고자 한다면

남을 수고롭게 하면서 도움을 받고자 한다면 재앙과 허물이 자신에게 돌아오니, 스스로 크고 깊은 원한을 불러들이게 됩니다.

施勞於人(시로어인), 而欲望祐(이욕망우), 殃咎歸身(앙구귀신), 自遘廣怨(자구광원).

광연품 29-3 방탕하고 안일하게 살면 나쁜 습관만 날로 는다

이미 잡다한 일을 하면서도 잘못된 일을 저지르면서, 춤과 노래로 방탕하고 안일하게 사는 사람에게는 나쁜 습관만 날로 늘어난답니다.

已爲多事(이위다사), 非事亦造(비사역조), 伎樂放逸(기락방일), 惡習日增(악습일증).

광연품 29-4 수행에 정진하면서 스스로 깨달아야

오직 수행에 정진하면서 옳은 것은 익히고 그릇된 것은 버려야 합니다. 몸을 닦아 스스로 깨닫는 것을 일컬어 바른 습관이라 한답니다.

精進惟行(정진유행), 習是捨非(습시사비), 修身自覺(수신자각), 是爲正習(시위정습).

광연품 29-5 스스로 깨달아 많이 배우고 물으면

이미 스스로 깨달아 지혜로우면서도 많이 배우고 물으면, 점점 넓고도 광대해집니다. 마치 물에 던져진 기름이 선명하게 퍼져나가는 것처럼.

旣自解慧(기자해혜), 又多學問(우다학문), 漸進普廣(점진보광), 油酥投水(유소투수).

광연품 29-6 배우고 묻는 것을 좋아하지 않으면

스스로 지혜롭게 생각하지 못해 배우고 묻는 것을 좋아하지 않으면, 옹졸해집니다. 마치 물에 던져진 유즙이 풀려 사라지는 것처럼.

自無慧意(자무혜의), 不好學問(불호학문), 凝縮狹小(응축협소), 酪酥投水(낙소투수).

광연품 29-7 도에서 멀어지면 깜깜한 밤중에 화살을 쏘는 것과 같다

도를 가까이하면 그 명성이 환하게 드러나는 것이 높은 산에 눈이 쌓이는 것과 같답니다. 도를 멀리하면 어둡고 우매해져 깜깜한 밤중에 화살을 쏘는 것과 같답니다.

近道名顯(근도명현), 如高山雪(여고산설), 遠道闇昧(원도암매), 如夜發箭(여야발전).

광연품 29-8 부처님의 제자가 되면 밤낮으로 부처님을 생각하고

부처님의 제자가 되면 늘 자신을 깨닫고, 밤낮으로 부처님을 생각하고, 오직 불법에 따라 중생만을 생각한답니다.

爲佛弟子(위불제자), 常寤自覺(상오자각), 晝夜念佛(주야념불), 惟法思衆(유법사중).

광연품 29-9 부처님의 제자가 되면 밤낮으로 선정에 들고

부처님의 제자가 되면 마땅히 깨어나 자신을 깨닫고, 밤낮으로 선정에 들어서 한결같은 마음으로 즐겁게 관찰한답니다.

爲佛弟子(위불제자), 當寤自覺(당오자각), 日暮思禪(일모사선), 樂觀一心(낙관일심).

광연품 29-10 소식을 하면 고통과 욕망도 줄고

사람이라면 마땅히 마음속에 뜻이 있어야 합니다. 끼니를 스스로 줄이면 고통과 욕망도 줄어드니 소비는 절제되고 수명은 보전된답니다.

人當有念意(인당유념의), 每食知自少(매식지자소), 則是痛欲薄(즉시통욕박), 節消而保壽(절소이보수).

광연품 29-11 함께 살면서 허물없이 지내기는 더더욱 어렵다

배우기도 어렵고 죄악을 버리는 것도 어렵지만 집안에서 함께 사는 것도 어렵습니다. 더구나 함께 모여서 이익을 도모하기도 어렵지만 허물없이 지내기는 더더욱 어렵답니다.

學難捨罪難(학난사죄난), 居在家亦難(거재가역난), 會止同利難(회지동리난), 難難無過有(난난무과유).

광연품 29-12 정진하면 자연스럽게 얻으리니

수행자 비구가 걸식하기 어렵다면 어찌 스스로 힘쓸 수 있겠습니까? 정진하면 자연스럽게 얻으리니 그 후부터는 다른 사람에게 바랄 게 없답니다.

比丘乞求難(비구걸구난), 何可不自勉(하가부자면)? 精進得自然(정진득자연), 後無欲於人(후무욕어인).

광연품 29-13 계율을 따르면 많은 보물을 부르게 되니

믿음이 있으면 계율이 이루어지고 계율을 따르면 많은 보물을 부르게 됩니다. 또한 이에 따라 좋은 법우들을 얻게 되니 머무는 곳마다 공양받게 된답니다.

有信則戒成(유신즉계성), 從戒多致寶(종계다치보), 亦從得諧偶(역종득해우), 在所見供養(재소견공양).

광연품 29-14 좌선과 와선을 하다 보면 마음이 숲속에 머무는 것 처럼 즐겁다

한 곳에서 좌선(坐禪: 고요히 앉아서 참선함)하고 한 곳에서 와선(臥禪: 누워서 참선함)하면서 한 번도 수행에 소홀해서는 안 됩니다. 몸을 올바르게 하여 한결같이 지키다 보면 마음이 숲속에 머무는 것처럼 즐겁답니다.

一坐一處臥(일좌일처와), 一行無放恣(일행무방자), 守一以正身(수일이정신), 心樂居樹間(심락거수간).

제30장 지옥품(地獄品)

악행을 지으면 나쁜 과보를 받고 그 죄업에 이끌려 다님

지옥품에서는, 지옥에서의 일들을 말하는데 악행을 지으면 나쁜 과보를 받고 그 죄업에 이끌려 다니게 된답니다.

地獄品者(지옥품자), 道泥犁事(도니리사), 作惡受惡(작악수악), 罪牽不置(죄견불치).

지옥품 30-1 거짓말을 하면 지옥에 가까워지고

거짓말을 하면 지옥에 가까워지고 말을 지어내고도 그러지 않았다고 말하면, 이 두 가지 죄는 훗날 모두 받게 됩니다. 이는 곧 스스로 일으킨 행위랍니다.

妄語地獄近(망어지옥근), 作之言不作(작지언부작), 二罪後俱受(이죄후구수), 是行自牽往(시행자견왕).

지옥품 30-2 악행에 빠진 사람은 끝내 지옥에 떨어진다

가사를 몸에 걸쳤어도 악행을 스스로 억제하지 못하고, 악행에 빠진 사람은 끝내 지옥에 떨어진답니다.

法衣在其身(법의재기신), 爲惡不自禁(위악부자금) , 苟沒惡行者(구몰 악행자), 終則墮地獄(종즉타지옥).

지옥품 30-3 계율을 어기면서 공양을 받는다면

계율을 어기면서 공양을 받는다면, 이치를 따지자면 어찌 자신 을 망치지 않겠습니까? 죽어서 불에 달구어진 쇠로 만든 약을 삼 켜야 하는데, 그 뜨거움은 숯불보다 극심하답니다.

無戒受供養(무계수공양), 理豈不自損(이기부자손)? 死噉燒鐵丸(사담소 철환), 然熱劇火炭(연열극화탄).

지옥품 30-4 방탕한 사람이 겪게 되는 네 가지 불행

제멋대로 방탕한 사람은 네 가지 일을 겪는데, 다른 사람의 아 내를 범하는 사람은 첫째는 잠자리에 들어도 평온하지 않고, 둘째 는 복덕이 따르지 않으며, 셋째는 남에게 비난을 받으며, 넷째는 음란함에 빠지게 된답니다.

放逸有四事(방일유사사), 好犯他人婦(호범타인부), 臥險非福利(와험비 복리), 毀三淫泆四(훼삼음일사).

지옥품 30-5 악도에 떨어지게 되면

복되지 않고 의롭지 않아서 악도에 떨어지게 되면, 나쁜 과보가 따르고 즐거움도 사라져 두렵답니다. 제왕의 법에 따라 무거운 벌 이 더해지면 몸은 죽어서 지옥에 들어가야 한답니다.

不福利墮惡(불복리타악), 畏惡畏樂寡(외악외낙과), 王法重罰加(왕법중벌가), 身死入地獄(신사입지옥).

지옥품 30-6 계율을 배워 금하거나 억제하지 않으면

비유하자면 억새 풀을 뽑을 때 느슨하게 잡으면 손을 베이듯, 계율을 배워 금하거나 억제하지 않으면 그 죄악이 지옥에 기록되어 이내 자신을 해치게 된답니다.

譬如拔菅草(비여발관초), 執緩則傷手(집완즉상수), 學戒不禁制(학계불금제), 獄錄乃自賊(옥록내자적).

지옥품 30-7 수행자로서 결점이 있으면

사람으로서 해야 할 일을 게을리하면 온갖 괴로움에서 벗어날 수 없습니다. 불도의 수행자로서 결점이 있으면 끝내는 큰 복록을 받을 수 없답니다.

人行爲慢惰(인행위만타), 不能除衆勞(불능제중로), 梵行有玷缺(범행유점결), 終不受大福(종불수대복).

지옥품 30-8 항상 행해야 할 것을 행하려면

항상 행해야 할 것을 행하려면 스스로 계율을 지키면서 반드시 최선을 다해야 합니다. 정도 이외의 모든 것에서 멀리 벗어나 먼지와 때가 되지 말아야 합니다.

常行所當行(상행소당행), 自持必令强(자지필령강), 遠離諸外道(원리제외도), 莫習爲塵垢(막습위진구).

지옥품 30-9 하지 말아야 할 일을 하게 되면

마땅히 하지 말아야 할 일을 하게 되면 독소들이 퍼지게 됩니다. 그러나 선을 행하면 언제나 길하면서도 순조로우니 가는 곳마다 후회나 인색함도 없답니다.

爲所不當爲(위소부당위), 然後致釁毒(연후치울독), 行善常吉順(행선상길순), 所適無悔恡(소적무회린).

지옥품 30-10 이미 행한 것들이 탐욕 때문에 한 것이라면

이 모든 못된 행위인 악행이, 만약 이미 행한 것들이 탐욕 때문에 한 것이라면 고통에서 벗어날 수 없습니다. 죄의 과보가 피할수도 없을 만큼 가까이 다가왔기 때문이랍니다.

其於衆惡行(기어중악행), 欲作若已作(욕작약이작), 是苦不可解(시고불가해), 罪近難得避(죄근난득피).

지옥품 30-11 자신의 몸을 구덩이에 던지는 꼴

망령된 증언으로 상대가 패망하기를 바란다면 그러한 행위는이미 올바른 게 아닙니다. 선량한 사람들을 원망하고 헐뜯으며 백성을 미치광이처럼 다스리는 겁니다. 죄를 얽어 묶는 사람은 자신의 몸을 구덩이에 던지는 꼴이랍니다.

妄證求敗(망증구패), 行已不正(행이부정), 怨譖良人(원참량인), 以狂治士(이광치사), 罪縛斯人(죄박사인), 自投于坑(자투우갱).

지옥품 30-12 스스로 마음을 지켜 어떠한 과오도 생겨나지 않게 해야

변방에 성을 쌓아 방비하는 것처럼 안과 밖을 튼튼하고 견고히 해야 합니다. 스스로 그 마음을 지켜 어떠한 과오도 생겨나지 않게 해야 합니다. 세상 모든 존재에게는 흠이 있으면 걱정이 생겨 결국엔 지옥에 떨어진답니다.

如備邊城(여비변성), 中外牢固(중외뢰고), 自守其心(자수기심), 非法不生(비법불생), 行缺致憂(행결치우), 令墮地獄(영타지옥).

지옥품 30-13 그릇된 견해를 가지고 살게 되면

부끄러워해야 할 것은 부끄러워하지 않고 부끄러워하지 말아야 할 것은 오히려 부끄러워하면, 그릇된 견해를 가지고 살게 되고 죽어서는 지옥에 떨어진답니다.

可羞不羞(가수불수), 非羞反羞(비수반수), 生爲邪見(생위사견), 死墮地獄(사타지옥).

지옥품 30-14 그릇된 견해를 믿고 살게 되면

두려워해야 할 것은 두려워하지 않고 두려워하지 말아야 할 것을 것은 오히려 두려워하면, 그릇된 견해를 믿고 살게 되고 죽어서는 지옥에 떨어진답니다.

可畏不畏(가외불외), 非畏反畏(비외반외), 信向邪見(신향사견), 死墮地獄(사타지옥).

지옥품 30-15 그릇된 견해를 익히게 되면

피해야 할 것은 피하지 않고 나아가야 할 것에는 나아가지 않으면, 그릇된 견해를 익히게 되고 죽어서는 지옥에 떨어진답니다.

可避不避(가피불피), 可就不就(가취불취), 翫習邪見(완습사견), 死墮地獄(사타지옥).

지옥품 30-16 바른 견해를 지키며 살면

가까이할 것은 가까이하고 멀리해야 할 것은 멀리해야 합니다. 언제나 올바른 견해를 가지고 살면 죽어서는 좋은 세계인 선도에서 태어난답니다.

可近則近(가근즉근), 可遠則遠(가원즉원), 恒守正見(항수정견), 死墮善道(사타선도).

제31장 상유품(象喩品)

선을 행하면 복된 과보를 받고 사람들을 즐겁게 함

상유품에서는, 사람들에게 바르게 행할 것을 가르치는데, 선을 행하면 복된 과보를 받고, 그 복된 과보가 사람들을 즐겁게 함을 밝혔습니다.

象喩品者(상유품자), 教人正身(교인정신), 爲善得善(위선득선), 福報快焉(복보쾌언).

상유품 31-1 정성과 믿음으로 사람들을 제도하려 한다

나(부처님)는 전쟁터의 코끼리처럼 화살 맞는 것을 두려워하지 않는답니다. 세상의 비난을 견디며 항상 남을 정성스럽게 대해야 합니다.

我如象鬪(아여상투), 不恐中箭(불공중전), 常以誠信(상이성신), 度無戒人(도무계인).

상유품 31-2 비난을 참고 견디는 데 익숙한 사람은

잘 조련된 코끼리 등 위에 왕이 오를 수 있는 것처럼, 비난을 참고 견디는 데 익숙한 사람은 가장 뛰어난 사람입니다.

譬象調正(비상조정), 可中王乘(가중왕승), 調爲尊人(조위존인), 乃受誠信(내수성신).

상유품 31-3 자기 자신을 조련하는 것이 최상

저 사나운 코끼리나 가장 좋은 코끼리를 아무리 잘 길들인다 하더라도 자기 자신을 다스리는 것만 못하답니다.

雖爲常調(수위상조), 如彼新馳(여피신치), 亦最善象(역최선상), 不如自調(불여자조).

상유품 31-4 자신을 잘 다스리는 사람은

사람이 가지 못하는 곳을 아무도 쉽게 갈 수는 없지만 자신을 잘 다스리는 사람은 그곳에 쉽게 갈 수 있습니다.

彼不能適(피불능적), 人所不至(인소부지), 唯自調者(유자조자), 能到調方(능도조방).

상유품 31-5 명예와 재물의 상징인 코끼리를 가혹하게 다루면

코끼리는 명예와 재물을 지켜준다고 하지만 가혹하게 다루면 다스리기 어렵습니다. 쇠줄로 옭아 묶고서 먹이를 주지 않으면 오히려 사납게 날뛰는 코끼리로 변한답니다.

如象名財守(여상명재수), 猛害難禁制(맹해난금제), 繫絆不與食(계반불여식), 而猶暴逸象(이유폭일상).

상유품 31-6 악행에 빠져 있는 사람은 언제나 탐욕 때문에 자신을 얽어맨다

악행에 빠져 있는 사람은 언제나 탐욕 때문에 자신을 얽어맵니다. 저 코끼리와 같이 만족할 줄 모르기 때문에 다시 어미 코끼리의 태내에 들어가 생사윤회를 거듭한답니다.

沒在惡行者(몰재악행자), 恒以貪自繫(항이탐자계), 其象不知厭(기상부지염), 故數入胞胎(고수입포태).

상유품 31-7 쇠갈고리로 코끼리를 길들이듯이

세상 모든 존재는 본래의 마음대로 순수하게 행동하면 편안해집니다. 번뇌를 없애야 합니다. 마치 쇠갈고리로 코끼리를 길들이듯이.

本意爲純行(본의위순행), 及常行所安(급상행소안), 悉捨降伏結(실사강복결), 如鉤制象調(여구제상조).

상유품 31-8 정도로 마음을 지켜 몸의 고통을 뿌리 뽑아야

정도를 따르고 방탕하게 즐기지 말아야 언제나 자신의 마음을 지킬 수 있습니다. 이와 같이 하면 몸의 고통도 뿌리 뽑히게 됩니다. 마치 코끼리가 진흙 구덩이에서 빠져나오듯이.

樂道不放逸(낙도불방일), 能常自護心(능상자호심), 是爲拔身苦(시위발신고), 如象出于埳(여상출우감).

상유품 31-9 현명한 벗을 얻어 도반으로 삼을 수 있다면

만약 현명한 벗을 얻어 도반(道伴: 함께 도를 닦는 벗)으로 삼을 수 있다면 함께 굳건히 선을 실행하여, 마침내 편안하고 즐거울 것입니다.

若得賢能伴(약득현능반), 俱行行善悍(구행행선한), 能伏諸所聞(능복제소문), 至到不失意(지도불실의).

상유품 31-10 홀로 지낼지언정 악행은 저지르지 말아야

현명한 도반을 얻을 수 없어 사나운 무리들과 어울려 악행을 일삼을 것 같으면, 왕이 정복한 지역을 버리고 떠나듯이 차라리 홀로 지내며 악행을 저지르지 말아야 합니다.

不得賢能伴(부득현능반), 俱行行惡悍(구행행악한), 廣斷王邑里(광단왕읍리), 寧獨不爲惡(영독불위악).

상유품 31-11 홀로 선행을 할지언정 어리석은 사람을 벗 삼지 말아야

차라리 홀로 선행을 할지언정 어리석은 사람을 벗 삼지 말아야 합니다. 홀로 지내더라도 악행은 저지르지 말아야 합니다. 마치 코끼리가 주위를 경계하며 자신을 보호하듯이.

寧獨行爲善(영독행위선), 不與愚爲侶(불여우위려), 獨而不爲惡(독이불위악), 如象驚自護(여상경자호).

상유품 31-12 목숨이 다하도록 복덕을 지으니 편안하고

사는 것이 이로우니 평안하고 벗들마저 유연하고 온화하니 편

안합니다. 목숨이 다하도록 복덕을 지으니 편안하고 모든 악들이
나를 침범하지 않으니 편안하답니다.

生而有利安(생이유이안), 伴軟和爲安(반연화위안), 命盡爲福安(명진위
복안), 衆惡不犯安(중악불범안).

상유품 31-13 집안에 부모님이 계시니 즐겁고 천하에 정도가 있어 즐겁다

집안에 어머니가 계셔서 즐겁고 아버지도 그곳에 계시니 또한
즐겁습니다. 세상에 수행자 사문들이 있어 즐겁고 천하에 정도가
있어 즐겁답니다.

人家有母樂(인가유모락), 有父斯亦樂(유부사역락), 世有沙門樂(세유사
문락), 天下有道樂(천하유도락).

상유품 31-14 지혜는 몸을 최고로 편안하게 하고 어떤 악행도 나를 침범하지 않으니

계율을 잘 지키니 늙어서도 편안하고 정직하고 올바르게 선행
을 하니 편안합니다. 지혜는 몸을 최고로 편안하게 하고 어떤 악
도 나를 침범하지 않으니 아주 편안하답니다.

持戒終老安(지계종노안), 信正所正善(신정소정선), 智慧最安身(지혜최
안신), 不犯惡最安(불범악최안).

상유품 31-15 계율을 믿고 부지런히 수행하면

말을 훈련시켜 유순해지면 마부의 뜻을 잘 따르는 것처럼, 계

율을 믿고 부지런히 수행하면 선정의 법도를 갖추게 된답니다.

如馬調軟(여마조연), 隨意所如(수의소여), 信戒精進(신계정진), 定法要具(정법요구).

상유품 31-16 밝은 지혜와 덕행을 세우고 인내하면

밝은 지혜와 덕행을 세우고 인내하면 마음도 안정됩니다. 그리하여 모든 고뇌를 끊어버리면 마음먹은 대로 된답니다.

明行成立(명행성립), 忍和意定(인화의정), 是斷諸苦(시단제고), 隨意所如(수의소여).

상유품 31-17 화를 그치고 번뇌를 없애면

이에 따라 고요한 선정에 이르는 것은 잘 조련된 말을 다루는 것 같답니다. 화를 그치고 번뇌를 없애면 하늘의 축복을 받게 됩니다.

從是往定(종시왕정), 如馬調御(여마조어), 斷恚無漏(단에무루), 是受天樂(시수천락).

상유품 31-18 스스로 방자하지 않으면

스스로 방자하지 않으면 많은 것들을 깨닫게 됩니다. 파리했던 말이 우량한 말이 되듯이 악을 버리면 현명한 사람이 된답니다.

不自放恣(부자방자), 從是多寤(종시다오), 羸馬比良(이마비량), 棄惡爲賢(기악위현).

제32장 애욕품(愛欲品)

음욕과 애정 때문에 다투니 재앙과 해악이 생김

애욕품에서는, 천함·음욕·은정·애정 때문에 사람들이 다투기 때문에 많은 재앙과 해악이 생기게 됨을 밝혔습니다.

愛欲品者(애욕품자), 賤婬恩愛(천음은애), 世人爲此(세인위차), 盛生災害(성생재해).

애욕품 32-1 마음이 방탕하여 음란한 행위를 하게 되면

마음이 방탕하여 음란한 행위를 하게 되면 탐욕과 애증이 가지를 치고 뻗어 나가듯, 여러 곳으로 불길이 치솟듯 극성을 부리는 것이 마치 과일을 탐내어 날뛰는 원숭이와 같답니다.

心放在婬行(심방재음행), 欲愛增枝條(욕애증지조), 分布生熾盛(분포생치성), 超躍貪果猴(초약탐과후).

애욕품 32-2 탐욕적으로 세상일에 집착하면

애욕을 참는 것이 고통스러워 탐욕적으로 세상일에 집착하면,

밤낮으로 근심걱정이 자라나는 것이 마치 덩굴식물이 자라나듯 무성해진답니다.

以爲愛忍苦(이위애인고), 貪欲著世間(탐욕착세간), 憂患日夜長(우환일 야장), 莚如蔓草生(연여만초생).

애욕품 32-3 애정에 미혹되어 정욕을 버리지 못하면

사람들이 은정과 애정에 미혹되어 정욕을 버리지 못하니, 근심과 애욕이 많아지는 것이 마치 졸졸 흐르는 물이 연못을 가득 채우는 것과 같답니다.

人爲恩愛惑(인위은애혹), 不能捨情欲(불능사정욕), 如是憂愛多(여시우애다), *潺潺盈于池*(잔잔영우지).

애욕품 32-4 사랑이 떠나면 걱정은 사라진다

대개 근심하고 서글퍼하는 까닭은 세간(世間: 영원하지 않은 것들이 서로 모여 있는 우주 공간)의 괴로움이 하나가 아니기 때문이랍니다. 이 모든 괴로움은 애착에서 생겨나니, 애착을 버리면 걱정은 사라집니다.

夫所以憂悲(부소이우비), 世間苦非一(세간고비일), 但爲緣愛有(단위연애유), *離愛則無憂*(이애즉무우).

애욕품 32-5 걱정하지 않으려 하고 세파에 물들지 않으면

이미 마음이 편안해져 걱정도 없고 애착도 없는데 어찌 이 세상에 남아 있겠습니까? 걱정하지 않으려 하고 세파에 물들지 않으면 어찌 편안하지 않겠습니까?

已意安棄憂(이의안기우), 無愛何有世(무애하유세)? 不憂不染求(불우불염구), 不愛焉得安(불애언득안)?

애욕품 32-6 근심에 찬 발걸음으로 먼 길을 떠나려 할 때

걱정이 있는 사람은 죽음이 다가올 때 불러야 할 친족들이 많답니다. 근심이 가득한 채 먼 길을 떠나려 할 때 애욕에 사로잡혀 괴로워하며 위험해진답니다.

有憂以死時(유우이사시), 爲致親屬多(위치친속다), 涉憂之長塗(섭우지장도), 愛苦常墮危(애고상타위).

애욕품 32-7 애욕을 없애기 위해서는 뿌리까지 뽑아내야

도에 통달하기 위해서는 잠깐이라도 욕망을 좇아서는 안 됩니다. 먼저 애욕의 뿌리를 뽑아내고 다시 뿌리 내리지 않게 해야 합니다. 갈대를 베어낼 때 뿌리까지 없애야 하는 것처럼 마음속에서 다시 생기지 않게 해야 합니다.

爲道行者(위도행자), 不與欲會(불여욕회), 先誅愛本(선주애본), 無所植根(무소식근), 勿如刈葦(물여예위), 令心復生(영심부생).

애욕품 32-8 애욕을 모두 없애지 않으면

나무의 뿌리가 깊고 튼실하면 잘라내더라도 오히려 다시 살아나듯이, 애욕을 모두 없애지 않으면 어느 날 갑자기 고통받는 일을 당하게 된답니다.

如樹根深固(여수근심고), 雖截猶復生(수절유부생), 愛意不盡除(애의부진제), 輒當還受苦(첩당환수고).

애욕품 32-9 원숭이나 사람도 본능을 버리지는 못한다

원숭이는 나무에서 떨어지더라도 떨어지자마자 다시 나무에 오릅니다. 많은 사람들이 이와 같아서 감옥을 탈출하더라도 다시 감옥으로 들어간답니다.

猨猴得離樹(원후득리수), 得脫復趣樹(득탈복취수), 衆人亦如是(중인역여시), 出獄復入獄(출옥복입옥).

애욕품 32-10 음욕에 휩싸이면 스스로 눈을 가려 보이는 것이 없다

탐욕스러운 마음은 늘 흐르고 있어 교만해지고 오만해지게 됩니다. 평소 생각하는 것들이 음욕에 휩싸이면 스스로 눈을 가려 보이는 것이 없습니다.

貪意爲常流(탐의위상류), 習與憍慢幷(습여교만병), 思想猗婬欲(사상의음욕), 自覆無所見(자복무소견).

애욕품 32-11 지혜는 애욕으로 맺힌 갈등의 근원을 끊어낼 수 있다

온갖 생각은 널리 흘러 퍼지고, 애욕으로 맺힌 번뇌는 칡과 등나무가 얽히듯 갈등의 원인이 됩니다. 오직 지혜만이 이를 분별하여 알아차리니 갈등의 근원을 끊어낼 수 있답니다.

一切意流衍(일절의류연), 愛結如葛藤(애결여갈등), 唯慧分別見(유혜분별견), 能斷意根原(능단의근원).

애욕품 32-12 애욕이 커지면서 잡생각이 덩굴처럼 자란다

대개 애욕이 커지면서 잡생각은 덩굴처럼 자라납니다. 애욕은 밑도 끝도 없이 깊어져 늙어 죽을 때까지도 심해질 뿐입니다.

夫從愛潤澤(부종애윤택), 思想爲滋蔓(사상위자만), 愛欲深無底(애욕심무저), 老死是用增(노사시용증).

애욕품 32-13 어리석은 사람은 애욕을 적당히 잘라내지도 않고

자라나는 가지를 잘라내지 않고 탐욕을 양분으로 줍니다. 원망은 자라나서 무덤만 살찌우는데 어리석은 사람은 그런 일을 하느라 항상 허덕입니다.

所生枝不絕(소생지부절), 但用食貪欲(단용식탐욕), 養怨益丘塚(양원익구봉), 愚人常汲汲(우인상급급).

애욕품 32-14 어리석은 사람은 처자식에게 단단히 집착한다

비록 감옥에 갇혀 쇠고랑과 자물쇠가 채워져도 지혜로운 사람은 견고한 감옥이라고 생각하지 않습니다. 어리석은 사람은 처자식을 돌보느라 애욕에 빠져 단단한 감옥에 갇힙니다.

雖獄有鉤鍱(수옥유구섭), 慧人不謂牢(혜인불위뢰), 愚見妻子息(우견처자식), 染著愛甚牢(염착애심뢰).

애욕품 32-15 애욕은 깊고 견고한 감옥

지혜로운 사람이 애욕을 감옥이라 말하는 것은 깊고 견고해서 벗어나기 어렵기 때문입니다. 그러므로 마땅히 끊어버려야 욕망에 사로잡히지 않고 평안할 수 있답니다.

慧說愛爲獄(혜설애위옥), 深固難得出(심고난득출), 是故當斷棄(시고당단기), 不視欲能安(불시욕능안).

애욕품 32-16 영원한 것은 없다

미색을 보고서 마음이 혼미해지고 무언가에 홀리는 것은 영원한 것은 없다는 것을 모르기 때문입니다. 어리석은 사람은 아름다움을 좋은 것으로 여기는데, 어찌 그것이 거짓임을 알겠습니까?

見色心迷惑(견색심미혹), 不惟觀無常(불유관무상), 愚以爲美善(우이위미선), 安知其非眞(안지기비진)?

애욕품 32-17 지혜로운 사람은 음욕을 끊어 없애버린다

음욕의 쾌락으로 자신을 감싸는 것은 비유하자면 누에가 고치를 짓는 것과 같답니다. 지혜로운 사람은 능히 이를 끊어 없애버리고 곁눈질도 하지 많으면서 모든 고뇌를 없애버린답니다.

以婬樂自裹(이음락자리), 譬如蠶作繭(비여잠작견), 智者能斷棄(지자능단기), 不眄除衆苦(불면제중고).

애욕품 32-18 마음속으로 방탕하게 제멋대로 생각하는 사람은

마음속으로 방탕하게 제멋대로 생각하는 사람은 음란한 짓을 보고도 깨끗하다고 여깁니다. 그러니 은정과 애착이 갈수록 커져 자신만의 감옥을 견고하게 만들어버린답니다.

心念放逸者(심념방일자), 見婬以爲淨(견음이위정), 恩愛意盛增(은애의

성증), 從是造獄牢(종시조옥뢰).

애욕품 32-19 음욕을 없앤 사람은 늙고 죽는 것에 대한 근심도 없앤다

마음의 속성을 깨달아 음욕을 없앤 사람은 항상 음욕이 깨끗하지 않다고 생각합니다. 이에 따라 사악한 감옥에서 벗어나 늙고 죽는 것에 대한 근심도 없앨 수 있답니다.

覺意滅婬者(각의멸음자), 常念欲不淨(상념욕부정), 從是出邪獄(종시출사옥), 能斷老死患(능단노사환).

애욕품 32-20 음욕과 애욕에 물든 사람은

음욕의 그물을 자신에게 씌워버리고 애욕의 덮개로 자신을 덮어버립니다. 방자해져 스스로 감옥에 갇히는 셈이니 마치 물고기가 통발 구멍에 들어가는 것과 같답니다.

以欲網自蔽(이욕망자폐), 以愛蓋自覆(이애개자복), 自恣縛於獄(자자박어옥), 如魚入笱口(여어입구구).

애욕품 32-21 애욕을 멀리하고 사랑의 발자취마저 없애면

늙고 죽는 것을 살피는 것은 송아지가 어미젖을 찾는 것과 같답니다. 애욕을 멀리하고 사랑의 발자취마저 없애면 그물망에서 벗어나 해로운 일도 안 생깁니다.

爲老死所伺(위로사소사), 若犢求母乳(약독구모유), 離欲滅愛迹(이욕멸애적), 出網無所弊(출망무소폐).

애욕품 32-22 정도에 매진하여 불법에 귀의한 사람

정도에 매진하여 감옥의 속박을 없애면 이런저런 모든 것에서 벗어납니다. 이미 깨달아서 모든 것에서 벗어나 해탈한 사람을 지혜로운 대사(大士)라고 한답니다.

盡道除獄縛(진도제옥박), 一切此彼解(일체차피해), 已得度邊行(이득도변행), 是爲大智士(시위대지사).

애욕품 32-23 정법을 멀리하는 사람을 가까이하지 말고 애욕에 물들지 말아야

정법을 멀리하는 사람을 가까이하지 말고 애욕에 물들지 말아야 합니다. 삼세(과거·현재·미래)를 끊지 못한 사람은 다시 태어나더라도 불법과 먼 곳에 떨어지게 된답니다.

勿親遠法人(물친원법인), 亦勿爲愛染(역물위애염), 不斷三世者(부단삼세자), 會復墮邊行(회부타변행).

애욕품 32-24 성인의 뜻에 통달한 사람

만약 모든 법을 깨달으면 모든 법에 집착하지 않습니다. 모든 애욕에서 벗어난다면 그를 성인의 뜻에 통달한 사람이라고 한답니다.

若覺一切法(약각일체법), 能不著諸法(능불착제법), 一切愛意解(일체애의해), 是爲通聖意(시위통성의).

애욕품 32-25 애욕을 없애고 모든 괴로움을 이겨내야

보시 가운데 경전을 보시하는 게 제일이고, 맛 가운데 도의 맛이 가장 맛있으며, 모든 즐거움 중에 정법을 따르는 즐거움이 으뜸이니, 애욕을 없애고 모든 괴로움을 이겨내야 합니다.

衆施經施勝(중시경시승), 衆味道味勝(중미도미승), 衆樂法樂勝(중락법락승), 愛盡勝衆苦(애진승중고).

애욕품 32-26 탐욕은 남도 해치고 자신도 해친다

어리석은 사람은 탐욕으로 자신을 묶어 피안으로 건너가려 하지 않습니다. 탐욕은 모든 것을 해치게 하니 남을 해치고 자신도 해칩니다.

愚以貪自縛(우이탐자박), 不求度彼岸(불구도피안), 貪爲敗處故(탐위패처고), 害人亦自害(해인역자해).

애욕품 32-27 세상을 구제하는 사람에게 보시하면

애욕으로 가득 찬 마음을 밭으로 삼으면 음욕과 화와 어리석음이 씨를 뿌리게 됩니다. 세상을 구제하는 사람에게 보시하면 얻게 될 복덕이 한량없답니다.

愛欲意爲田(애욕의위전), 婬怒癡爲種(음노치위종), 故施度世者(고시도세자), 得福無有量(득복무유량).

애욕품 32-28 지혜로운 사람들은 재물을 탐하지 않는다

함께 떠날 길동무는 적은데 재물이 많으면 장사꾼은 두려움에

떨게 됩니다. 탐욕스런 도적이 목숨을 빼앗으니 지혜로운 사람은
재물을 탐하지 않는답니다.

伴少而貨多(반소이화다), 商人怵惕懼(상인출척구), 嗜欲賊害命(기욕적
해명), 故慧不貪欲(고혜불탐욕).

애욕품 32-29 오욕을 끊어버리면

마음이 욕망을 따르도록 하면, 어찌 오욕(五慾: 재물욕·색욕·식욕·명
예욕·수면욕)만 따르겠습니까? 옳지 않다고 여기고 오욕을 끊어버
리면 그를 용기 있는 사람이라 한답니다.

心可則爲欲(심가즉위욕), 何必獨五欲(하필독오욕)? 違可絶五欲(위가절
오욕), 是乃爲勇士(시내위용사).

애욕품 32-30 욕심을 없애면 번뇌가 사라지니

욕심이 없으니 두려움마저 사라지고 고요하고 편안해져 근심걱
정도 없답니다. 욕심을 없애면 번뇌가 사라지니, 이러한 사람은
생사의 연못에서 벗어나게 된답니다.

無欲無有畏(무욕무유외), 恬惔無憂患(염담무우환), 欲除使結解(욕제사
결해), 是爲長出淵(시위장출연).

애욕품 32-31 의식에 따라 온갖 잡념들이 생겨난다

애욕! 나는 그대의 본질을 알고 있습니다. 생각할 때마다 온갖
잡념들이 생겨난다는 것을. 나는 그대를 생각하지 않게 되면서 그
대는 존재하지 않는답니다.

欲我知汝本(욕아지여본), 意以思想生(의이사상생), 我不思想汝(아불사상여), 則汝而不有(즉여이불유).

애욕품 32-32 모든 번뇌에서 벗어나는 멸도에 이르는 법

나무를 베다 잠시 쉬면 나무에서 온갖 악의 가지가 생겨납니다. 나무를 잘라낼 때는 뿌리까지 뽑아내야 수행자 비구는 모든 번뇌에서 벗어나는 멸도에 이르게 된답니다.

伐樹忽休(벌수홀휴), 樹生諸惡(수생제악), 斷樹盡株(단수진주), 比丘滅度(비구멸도).

애욕품 32-33 애욕의 나무를 완전히 베어내지 않으면

모름지기 애욕의 나무를 완전히 베지 않고 조금이라도 애욕을 남겨 둔다면, 마음은 그것에 얽매이게 되니 마치 어미젖을 찾는 송아지와 같답니다.

夫不伐樹(부불벌수), 少多餘親(소다여친), 心繫於此(심계어차), 如犢求母(여독구모).

제33장 이양품(利養品)

자신을 독려하여 탐욕을 방지하고 의롭게 생각해야 함

이양품에서는, 자신을 독려하여 탐욕을 방지하고 덕을 보고서 의롭게 생각하면서 삶을 더럽히지 않아야 함을 밝히고 있습니다.

利養品者(이양품자), 勵己防貪(여기방탐), 見德思議(견덕사의), 不爲穢生(불위예생).

이양품 33-1 사람은 탐욕 때문에 스스로를 잃게 된다

파초는 열매를 맺음으로써 죽고 대나무와 갈대도 열매를 맺으면 죽는답니다. 버새(수말과 암탕나귀 사이에서 태어난 1대 잡종)는 새끼를 배면 앉아서 죽는답니다. 사람은 탐욕 때문에 스스로를 잃게 됩니다.

芭蕉以實死(파초이실사), 竹蘆實亦然(죽로실역연), 駏驉坐妊死(거허좌임사), 士以貪自喪(사이탐자상).

이양품 33-2 어리석음이 빚어낸 탐욕

이와 같이 탐욕을 부리면 아무런 이득이 없답니다. 마땅히 어리석음에 의해 탐욕이 생겨나는 것을 알아야 합니다. 이리석은 사람이 이를 행하면 어진 사람을 해치고 수령이 이를 행하면 땅을 빼앗겨 나누어주게 됩니다.

如是貪無利(여시탐무리), 當知從癡生(당지종치생), 愚爲此害賢(우위차해현), 首領分于地(수령분우지).

이양품 33-3 즐거움이 줄고 고통이 늘어남을 깨달아야

하늘에서 칠보가 비처럼 쏟아져 내리면 욕심쟁이는 좋아합니다. 즐거움은 줄고 괴로움이 늘어난다는 것을 깨달은 사람만이 현명하답니다.

天雨七寶(천우칠보), 欲猶無厭(욕유무염), 樂少苦多(낙소고다), 覺者爲賢(각자위현).

이양품 33-4 지혜로운 사람은 버리고 탐내지 않는다

비록 하늘에도 욕심의 세계가 있다지만 지혜로운 사람은 욕심을 버리고 탐내지 않습니다. 즐겁게 은정과 애욕을 버리면 부처님의 제자가 된답니다.

雖有天欲(수유천욕), 慧捨無貪(혜사무탐), 樂離恩愛(낙리은애), 爲佛弟子(위불제자).

이양품 33-5 정도를 멀리하고 그릇된 길을 따르면

정도를 멀리하고 그릇된 길을 따르면 공양만을 탐내는 비구가 됩니다. 마음이 인색하지 않으면 외려 백성들에게 공양한답니다.

遠道順邪(원도순사), 貪養比丘(탐양비구), 止有慳意(지유간의), 以供彼姓(이공피성).

이양품 33-6 공양에 의지하지 말아야

이러한 공양에 의지하지 말아야 합니다. 속세에서 죄를 짓지 말아야 합니다. 이러한 것들은 지극히 진실된 마음은 아니니 애를 쓴다고 무슨 소용이 있겠습니까?

勿猗此養(물의차양), 爲家捨罪(위가사죄), 此非至意(차비지의), 用用何益(용용하익)?

이양품 33-7 어리석은 사람이 어리석은 계책을 세우면

어리석은 사람이 어리석은 계책을 세우면 탐욕과 교만이 더 심해질 뿐이랍니다. 기이합니다. 도리를 저버리면 열반에 들지 못한답니다.

愚爲愚計(우위우계), 欲慢用增(욕만용증), 異哉失利(이재실리), 泥洹不同(니원부동).

이양품 33-8 진리를 올바르게 아는 사람은

진리를 올바르게 아는 사람은 부처님의 제자인 수행자 비구랍니다. 공양의 이로움만을 좇지 말고 차라리 한가롭게 머물면서 그릇된 마음을 물리쳐야 합니다.

諦知是者(체지시자), 比丘佛子(비구불자), 不樂利養(불락리양), 閑居却意(한거각의).

이양품 33-9 스스로 얻었다고 자부하지 말고

스스로 얻었다고 자부하지 말고 간사한 희망도 좇지 말아야 합니다. 그러지 못한 비구들은 바른 선정에는 이르지 못한답니다.

自得不恃(자득부시), 不從他望(부종타망), 望彼比丘(망피비구), 不至正定(부지정정).

이양품 33-10 마음을 쉬게 하고 자신을 성찰해야

무릇 목숨을 편안하게 하려거든 마음을 쉬게 하고 자신을 성찰해야 합니다. 옷이나 음식의 수량을 헤아려 알려고 하지 말아야 합니다.

夫欲安命(부욕안명), 息心自省(식심자성), 不知計數(부지계수), 衣服飮食(의복음식).

이양품 33-11 얻고 싶은 것을 가졌으면 만족할 줄 알고 한 가지 정법을 지켜야

무릇 목숨을 편안하게 하려거든 마음을 쉬게 하고 자신을 성찰해야 합니다. 얻고 싶은 것을 가졌으면 만족할 줄 알고 한 가지 정법만을 지키면서 수행해야 합니다.

夫欲安命(부욕안명), 息心自省(식심자성), 取得知足(취득지족), 守行

一法(수행일법).

이양품 33-12 은밀하게 가르침을 익혀야

무릇 목숨을 편안하게 하려거든 마음을 쉬게 하고 자신을 성찰해야 합니다. 마치 쥐가 구멍에 몸을 숨기는 것처럼 은밀하게 가르침을 익혀야 합니다.

夫欲安命(부욕안명), 息心自省(식심자성), 如鼠藏穴(여서장혈), 潛隱習教(잠은습교).

이양품 33-13 맑고 좋은 것을 게을리해서는 안 된다

이익을 줄이고 귀를 단속하여 계율을 받들어 고요히 사색하면, 그 지혜를 칭찬받게 되니 맑고 좋은 것을 게을리해서는 안 된답니다.

約利約耳(약리약이), 奉戒思惟(봉계사유), 爲慧所稱(위혜소칭), 清吉勿怠(청길물태).

이양품 33-14 삼명이 있으면 번뇌를 없애고 속박에서 벗어난다

삼명(三明: 업보와 윤회 및 번뇌를 정확하게 알고 벗어날 수 있는 아라한의 3가지 지혜)이 있으면 번뇌를 없애고 속박에서 벗어난답니다. 그러나 지혜가 적고 식견이 좁으면 기억하여 생각하는 바도 없답니다.

如有三明(여유삼명), 解脫無漏(해탈무루), 寡智鮮識(과지선식), 無所憶念(무소억념).

이양품 33-15 방법이 안 좋으면 공양받을 때 질투를 부른다

먹고 마시는 것은 남을 따르는 것이 이롭겠지만, 그 방법이 안 좋으면 공양받을 때 질투를 부른답니다.

其於食飮(기어식음), 從人得利(종인득리), 而有惡法(이유악법), 從供養嫉(종공양질).

이양품 33-16 법복을 입고 먹고 마시는 공양만 바란다면

번뇌와 원망과 이익에 사로잡히면서 억지로 가사인 법복을 입고, 먹고 마시는 공양만 바란다면 부처님의 가르침을 받들 자격이 없답니다.

多結怨利(다결원리), 強服法衣(강복법의), 但望飮食(단망음식), 不奉佛敎(불봉불교).

이양품 33-17 공양으로 얻은 것이 적어도 걱정이 없으니

마땅히 이러한 허물을 알고 공양을 크게 두려워하게 되면, 공양으로 얻은 것이 적어도 걱정이 없으니 수행자 비구는 마음의 이치를 깨닫게 될 겁니다.

當知是過(당지시과), 養爲大畏(양위대외), 寡取無憂(과취무우), 比丘釋心(비구석심).

이양품 33-18 누가 능히 음식을 헤아리지 않을 수 있겠습니까?

먹지 않으면 목숨을 구제하지 못하니 누가 능히 음식을 헤아리지 않을 수 있겠습니까? 대개 먹는 것을 우선으로 앞세우는데 이러한 이유를 알게 된다면 마냥 믿게 보지는 않을 겁니다.

非食命不濟(비식명부제), 孰能不揣食(숙능불췌식)? 夫立食爲先(부립식위선), 知是不宜嫉(지시불의질).

이양품 33-19 남을 공격하면 나도 공격받는다

시샘하는 마음은 자신을 먼저 다치게 하고 그다음으로 남을 다치게 합니다. 남을 공격하면 나도 공격받게 되는데 이 때문에 이러한 현상이 사라지지 않는답니다.

嫉先創己(질선창기), 然後創人(연후창인), 擊人得擊(격인득격), 是不得除(시부득제).

이양품 33-20 계율을 지키지 않으면 공양도 받지 말 것

차라리 불에 달군 돌을 씹고 구리를 녹인 물을 삼켜 마실지언정, 계율을 지키지 않으면서 다른 사람이 베푸는 신시(信施: 금전, 곡식 등을 절에 보시하는 것)는 먹지 말아야 합니다.

寧噉燒石(영담소석), 吞飮洋銅(탄음양동), 不以無戒(불이무계), 食人信施(식인신시).

제34장 사문품(沙門品)

정법을 가르쳐 인도하면 정도를 득도하여 해탈함

사문품에서는, 정법을 올바르게 가르쳐 인도하면 불제자들은 이를 받아들여 수행하니 정도를 득도하여 해탈하여 맑고 깨끗해짐을 밝히고 있습니다.

沙門品者(사문품자), 訓以法正(훈이법정), 弟子受行(제자수행), 得道解淨(득도해정).

사문품 34-1 수행자라면 몸과 마음을 늘 바르게 지켜야

눈·귀·코·입을 단정히 하고서 몸과 마음을 언제나 바르게 지켜야 합니다. 수행자 비구가 이와 같이 수행하면 온갖 괴로움을 피할 수 있답니다.

端目耳鼻口(단목이비구), 身意常守正(신의상수정), 比丘行如是(비구행여시), 可以免衆苦(가이면중고).

사문품 34-2 선정을 즐기고 한결같은 마음을 지켜야

손과 발을 경망하게 움직이지 말아야 하며 말은 절제하고 행동은 순리에 따라야 합니다. 늘 내면에서는 선정을 즐기고 한결같은 마음을 지키며 적연부동(寂然不動: 아주 고요하여 움직이지도 아니함.)하게 수행해야 합니다.

手足莫妄犯(수족막망범), 節言順所行(절언순소행), 常內樂定意(상내낙정의), 守一行寂然(수일행적연).

사문품 34-3 말씨가 너그러우면 편안하고 평온해진다

배울 때는 당연히 입조심을 해야 합니다. 말씨가 너그러우면 편안하고 평온해집니다. 정법의 뜻에 따라 마음을 안정시키면 말도 반드시 부드럽고 유연해진답니다.

學當守口(학당수구), 宥言安徐(유언안서), 法義爲定(법의위정), 言必柔軟(언필유연).

사문품 34-4 정법에 의지하며 시간을 헛되이 보내지 않아야

정법을 즐기고 그 법을 본받으려면 고요하고 편안하게 사색해야 합니다. 수행자는 정법에 의지하면서 바르게 살며 시간을 헛되이 보내지 않아야 합니다.

樂法欲法(낙법욕법), 思惟安法(사유안법), 比丘依法(비구의법), 正而不費(정이불비).

사문품 34-5 다른 수행법에 마음을 빼앗기지 않아야

이로운 것만 배우려 하지 말고 다른 수행법에 마음을 빼앗기지 않아야 합니다. 수행자 비구가 다른 것을 좋아하면 마음이 안정되지 않습니다.

學無求利(학무구리), 無愛他行(무애타행), 比丘好他(비구호타), 不得定意(부득정의).

사문품 34-6 적게 거두어들이고 얻은 것은 쌓아두지 말아야

수행자 비구는 적게 거두어들이고 얻은 것은 쌓아두지 말아야 합니다. 하늘도 사람들도 칭찬하니 삶이 청정하여 때 묻지 않습니다.

比丘少取(비구소취), 以得無積(이득무적), 天人所譽(천인소예), 生淨無穢(생정무예).

사문품 34-7 지관법을 수행하면

수행자 비구는 자비를 실천하고 부처님의 가르침을 사랑하고 공경하며, 보다 깊게 들어가 지관법(止觀法: '지법止法: 사마타→집중법'과 '관법觀法:위빠사나→철저한 관찰법'을 합친 수행법)을 수행하면 그 존재마저 버리고 이내 편안해진답니다.

比丘爲慈(비구위자), 愛敬佛敎(애경불교), 深入止觀(심입지관), 滅行乃安(멸행내안).

사문품 34-8 정신과 물질은 실재하는 것은 아니니 미혹되지 않아야

모든 정신과 물질은 실재하는 것이 아니니 미혹되지 않아야 합니다. 그러니 얻으려 하지도 않고 잃을까 걱정하지도 않으면 진정한 수행자 비구가 된답니다.

一切名色(일체명색), 非有莫惑(비유막혹), 不近不憂(불근불우), 乃爲比丘(내위비구).

사문품 34-9 음욕과 화와 어리석음을 비워버리면

수행자 비구는 배 안의 물을 퍼내듯이 비워내고 가벼워져야 합니다. 이와 같이 음욕과 화와 어리석음을 비워버리면 열반에 이르게 된답니다.

比丘扈船(비구호선), 中虛則輕(중허즉경), 除婬怒癡(제음노치), 是爲泥洹(시위니원).

사문품 34-10 오욕과 오혹과 오근을 분별하여 가려내야

다섯 가지 오욕(五慾: 식욕·색욕·수면욕·명예욕·재물욕)을 버리고 다섯 가지 오혹(五惑: 탐낼 탐貪·성낼 진瞋·어리석을 치癡·교만할 만慢·의심할 의疑)을 끊고 다섯 가지 오근(五根: 눈 안眼·귀 이耳·코 비鼻·혀 설舌·몸 신身)을 생각하며 살펴야 합니다. 이 다섯 가지 오욕과 오혹과 오근을 분별하여 가려낼 수 있으면, 이내 생사의 강물과 연못을 건너게 된답니다.

捨五斷五(사오단오), 思惟五根(사유오근), 能分別五(능분별오), 乃渡河淵(내도하연).

사문품 34-11 탐욕으로 심신을 어지럽히지 말아야

선정에 들어 제멋대로 놀아나지 말아야 하며 탐욕으로 심신을 어지럽히지 말아야 합니다. 불에 녹인 구리를 삼키는 짓 따위는 하지 말아야 하는데 스스로 번뇌에 휩싸이고 몸을 불태우기 때문이랍니다.

禪無放逸(선무방일), 莫爲欲亂(막위욕란), 不吞洋銅(불탄양동), 自惱燋形(자뇌초형).

사문품 34-12 선정에 들지 않으면 지혜롭지 못하고

선정에 들지 않으면 지혜롭지 못하고 지혜가 없으면 선정에 들 수도 없습니다. 정도를 좇으면 선정과 지혜를 따라 열반에 도달할 수 있답니다.

無禪不智(무선부지), 無智不禪(무지불선), 道從禪智(도종선지), 得至泥洹(득지니원).

사문품 34-13 고요히 머물면서 생각을 쉬게 해야

마땅히 배워서 진공묘유(眞空妙有: 참된 공이 별도로 분리된 불변의 실체가 아니라 사물 그 자체의 존재 양상, 곧 다양한 인연의 조합인 연기緣起라는 불교 교리)의 참다운 공(空)으로 들어가 고요히 머물면서 생각을 쉬게 해야 합니다. 고요한 곳에서 홀로 있는 것을 즐기면서 한결같은 마음으로 정법을 관찰해야 합니다.

當學入空(당학입공), 靜居止意(정거지의), 樂獨屛處(낙독병처), 一心觀法(일심관법).

사문품 34-14 오온을 잘 다스리면

항상 오온(五蘊: 색온色蘊: 육체·물질, 수온受蘊: 지각·느낌, 상온想蘊: 표상·생각, 행온行蘊: 욕구·의지, 식온識蘊: 마음·의식)을 다스리면 마음이 물과 같이 아래로 스며듭니다. 그러면 맑고 깨끗해지고 즐거워지면서 감로수를 맛볼 수 있답니다.

常制五陰(상제오음), 伏意如水(복의여수), 淸淨和悅(청정화열), 爲甘露味(위감로미).

사문품 34-15 근본을 다스려 만족할 줄 아니

소유하려 하지 않고 지혜를 추구하니 수행자 비구입니다. 근본을 다스려 만족할 줄 아니 계율을 잘 지킨답니다.

不受所有(불수소유), 爲慧比丘(위혜비구), 攝根知足(섭근지족), 戒律悉持(계율실지).

사문품 34-16 살아가면서 마땅히 깨끗하게 행동해야

살아가면서 마땅히 깨끗하게 행동해야 훌륭한 스승과 벗을 사귑니다. 지혜로운 사람은 완성된 인간이 되어 괴로움을 건너 기쁨에 이른답니다.

生當行淨(생당행정), 求善師友(구선사우), 智者成人(지자성인), 度苦致喜(도고치희).

사문품 34-17 음욕과 화와 어리석음을 내버리면

마치 활짝 피어난 재스민이 여물어 저절로 떨어지는 것처럼, 음

욕과 화와 어리석음을 내버리면 살고 죽는 생사에서 저절로 벗어
난답니다.

如衛師華(여위사화), 熟如自墮(숙여지타), 釋婬怒癡(석음노치), 生死自
解(생사자해).

사문품 34-18 세속의 번뇌를 버리면

몸을 멈추고 말도 멈추면 마음도 고요히 침묵을 지킵니다. 수행
자 비구가 세속의 번뇌를 버리면 적멸의 경지에 이른답니다.

止身止言(지신지언), 心守玄默(심수현묵), 比丘棄世(비구기세), 是爲受
寂(시위수적).

사문품 34-19 몸을 보호하고 진리를 생각하면

마땅히 자신의 몸을 단속하고 안으로는 마음과 싸워야 합니다.
몸을 보호하고 진리를 생각하면 수행자 비구는 오로지 평안하답
니다.

當自勅身(당자칙신), 內與心爭(내여심쟁), 護身念諦(호신념제), 比丘惟
安(비구유안).

사문품 34-20 나를 덜어 없애야 현명한 사람이 된다

나 자신을 나라고 여기지만 존재하지도 않은 나를 헤아리고 있
습니다. 그러므로 마땅히 나를 덜어 없애야 잘 다스려져 이내 현
명한 사람이 된답니다.

我自爲我(아자위아), 計無有我(계무유아), 故當損我(고당손아), 調乃

爲賢(조내위현).

사문품 34-21 지극히 고요한 열반에 이르면

부처님의 가르침에 기쁨이 있으니 그 안에서 많은 즐거움을 누릴 수 있습니다. 지극히 고요한 열반에 이르면 번뇌가 사라져 영원히 평안해집니다.

喜在佛教(희재불교), 可以多喜(가이다희), 至到寂寞(지도적막), 行滅永安(행멸영안).

사문품 34-22 사소한 행동도 부처님의 가르침과 계율에 합당해야

혹여 사소한 행동을 하더라도 부처님의 가르침과 계율에 합당해야 합니다. 부처님의 가르침과 계율이 이 세상을 환하게 비추는 것이 마치 구름에 가리지 않는 해와 같답니다.

儻有少行(당유소행), 應佛教戒(응불교계), 此照世間(차조세간), 如日無瞖(여일무예).

사문품 34-23 교만함을 버리고 방자함도 없애면

교만함을 버리고 방자함도 없애면 연꽃이 물속에서 깨끗하게 자라나는 것과 같습니다. 배워서 능히 이것저것을 버릴 수 있으니 이를 알면 이전보다 뛰어나게 된답니다.

棄慢無餘憍(기만무여교), 蓮華水生淨(연화수생정), 學能捨此彼(학능사차피), 知是勝於故(지시승어고).

사문품 34-24 애욕을 끊고 미련마저 없애면

애욕을 끊고 미련마저 없애면 마치 연꽃과 같이 더러워지지 않습니다. 수행자 비구는 생사의 강물을 건너 욕망을 이겨내고 예전보다 밝아진답니다.

割愛無戀慕(할애무련모), 不受如蓮華(불수여련화), 比丘渡河流(비구도하류), 勝欲明於故(승욕명어고).

사문품 34-25 자신을 믿고서 욕망을 물리쳐야

욕망의 흐름을 끊고 자신을 믿고서 마음을 다스리고 욕망을 물리쳐야 합니다. 어짊으로 욕망을 베어내지 않으면 욕망으로 가득한 생각이 오히려 날뛰게 된답니다.

截流自恃(절류자시), 逝心却欲(서심각욕), 仁不割欲(인불할욕), 一意猶走(일의유주).

사문품 34-26 집을 버리고 속세를 떠났어도 게으르면

이것도 다스리고 그것도 다스리려면 반드시 굳세게 자신을 억제해야 합니다. 집을 버리고 속세를 떠났어도 게으르면 마음은 오히려 예전으로 돌아가게 된답니다.

爲之爲之(위지위지), 必強自制(필강자제), 捨家而懈(사가이해), 意猶復染(의유복염).

사문품 34-27 맑고 깨끗한 행실이 아니라면

수행하는 것이 게으르고 더딘 사람이라도 노력하려는 마음은 버리지 말아야 합니다. 부처님의 맑고 깨끗한 행동을 따르지 않으면서 어찌 감히 불법승의 큰 보배를 받들겠습니까?

行懈緩者(행해완자), 勞意弗除(노의불제)? 非淨梵行(비정범행), 焉致大寶(언치대보)?

사문품 34-28 마음을 다스리지 못하면 내딛는 걸음마다 집착에 빠지고

사문으로서 무엇을 행해야겠습니까? 만약 마음을 다스리지 못하면 내딛는 걸음마다 집착에 빠지고 생각에 따라 내달릴 뿐이랍니다.

沙門何行(사문하행)? 如意不禁(여의불금), 步步著粘(보보저점), 但隨思走(단수사주).

사문품 34-29 가사를 걸치고서 악행을 저지르는 사람은

가사를 어깨에 걸쳐 입고서도 악행을 줄이지 않고, 못되게 악행을 저지르는 사람은 이러한 행위 때문에 괴로움의 세계인 악도에 떨어진답니다.

袈裟披肩(가사피견), 爲惡不損(위악불손), 惡惡行者(악악행자), 斯墮惡道(사타악도).

사문품 34-30 조율하지 않으면 경계하기 어려우니

조율하지 않으면 경계하기 어려우니 마치 바람이 나무를 말리는 것과 같습니다. 스스로 하는 모든 일은 자신을 위하는 것이니 어찌 수행에 정진하지 않겠습니까?

不調難誡(부조난계), 如風枯樹(여풍고수), 作自爲身(작자위신), 曷不精
進(갈부정진)?

사문품 34-31 탐욕을 버리고 정도를 생각하면

머리만 깎는다고 사문이 되는 것은 아닌데 교만하고 방탕하면
계율을 지키지 않습니다. 탐욕을 버리고 정도를 생각한다면 올바
른 사문이라 할 수 있습니다.

息心非剔(식심비척), 慢訑無戒(만이무계), 捨貪思道(사탐사도), 乃應息
心(내응식심).

사문품 34-32 최상의 수행자가 되기 위해서는

머리만 깎는다고 사문이 되는 것은 아닌데 믿음이 없으면 제멋
대로 방자해집니다. 능히 온갖 괴로움을 없앨 수 있으면 그제야
최상의 수행자 사문이 된답니다.

息心非剔(식심비척), 放逸無信(방일무신), 能滅衆苦(능멸중고), 爲上沙
門(위상사문).

제35장 범지품(梵志品)

언행이 청정하여 욕됨이 없으면 도사라고 일컬음

범지품에서는, 말과 행동이 맑고 깨끗하여 사물의 이치를 배워 욕됨이 없으면 도사라고 일컬을 수 있음을 밝히고 있습니다.

梵志品者(범지품자), 言行淸白(언행청백), 理學無穢(이학무예), 可稱道士(가칭도사).

범지품 35-1 세상에 존재하는 모든 것이 없어지는 것을 아는 것

탐욕의 흐름을 끊고서 건너니 애욕도 없는 깨끗한 범천의 세계에 다다릅니다. 세상에 존재하는 모든 것이 없어지는 것을 아는 것을 일러 바라문의 범지(梵志: 바라문 생활의 네 시기 가운데에 첫째 시기로, 스승에게 가서 수학修學하는 기간으로 보통 여덟 살부터 열여섯 살까지 또는 열한 살부터 스물두 살까지의 시기)라 한답니다.

截流而渡(절류이도), 無欲如梵(무욕여범), 知行已盡(지행이진), 是謂梵志(시위범지).

범지품 35-2 모든 욕망의 얽매임에서 벗어나는 것

둘도 없는 정법으로 맑고 깨끗한 생사의 연못을 건너서, 모든 욕망의 얽매임에서 벗어나는 것을 바라문의 범지라 한답니다.

以無二法(이무이법), 淸淨渡淵(청정도연), 諸欲結解(제욕결해), 是謂梵志(시위범지).

범지품 35-3 탐욕과 음욕을 버리고 떠나는 것

저곳으로 가면 저것도 없고 저곳을 저곳이라 하면 저곳은 이미 텅 비었답니다. 탐욕과 음욕을 버리고 떠나는 것을 바라문의 범지라 한답니다.

適彼無彼(적피무피), 彼彼已空(피피이공), 捨離貪婬(사리탐음), 是謂梵志(시위범지).

범지품 35-4 최상의 도리를 구하여 번뇌를 일으키지 않는 사람

생각에 때가 묻지 않고 행위에도 번뇌가 없습니다. 최상의 도리를 구하여 번뇌를 일으키지 않는 사람을 바라문의 범지라 한답니다.

思惟無垢(사유무구), 所行不漏(소행불루), 上求不起(상구불기), 是謂梵志(시위범지).

범지품 35-5 해와 달과 부처님은 세상을 비추고

해는 낮에 빛나고 달은 밤을 밝게 비춥니다. 갑옷과 병장기는 군대를 빛내고 고요한 선정은 도인을 빛냅니다. 부처님께서 이 세상에 나타나셔서 모든 어둠을 밝게 비추셨답니다.

日照於晝(일조어주), 月照於夜(월조어야), 甲兵照軍(갑병조군), 禪照道人(선조도인), 佛出天下(불출천하), 照一切冥(조일체명).

범지품 35-6 모든 악행을 버릴 수 있는 사람

머리를 깎아야 수행자 사문이 되는 것이 아니고 칭찬할 만한 상서로운 사람을 바라문의 범지라 합니다. 모든 악행을 버릴 수 있는 사람을 일러 바른 도를 행하는 도인이라 한답니다.

非剃爲沙門(비체위사문), 稱吉爲梵志(칭길위범지), 謂能捨衆惡(위능사중악), 是則爲道人(시즉위도인).

범지품 35-7 모든 더럽고 못된 행위를 버리고 집을 떠난 수행자 사문

악을 버리고 바라문의 범지가 되고 정도에 입문하여 수행자 사문이 됩니다. 자신의 모든 더럽고 못된 행위를 버리고 집을 떠난 사람이 수행자랍니다.

出惡爲梵志(출악위범지), 入正爲沙門(입정위사문), 棄我衆穢行(기아중예행), 是則爲捨家(시칙위사가).

범지품 35-8 사랑하더라도 집착하는 마음이 없으면

만약 사랑하더라도 집착하는 마음이 없으면, 이미 애착을 버리고 심신이 올바르니 모든 고뇌를 없앨 수 있습니다.

若猗於愛(약의어애), 心無所著(심무소착), 已捨已正(이사이정), 是滅衆苦(시멸중고).

범지품 35-9 몸과 입과 마음에 허물이 없으면

몸과 입과 마음이 깨끗해 허물이나 잘못이 없고, 이 세 가지에 허물이 없는 사람을 바라문의 범지라 한답니다.

身口與意(신구여의), 淨無過失(정무과실), 能捨三行(능사삼행), 是謂梵志(시위범지).

범지품 35-10 마음을 잘 관찰하여 자신에게 돌아가면

만약 마음으로 밝게 깨달으면 부처님께서 말씀하신 정법을 깨달은 겁니다. 마음을 잘 관찰하여 자신에게 돌아가면 물보다 깨끗해질 겁니다.

若心曉了(약심효료), 佛所說法(불소설법), 觀心自歸(관심자귀), 淨於爲水(정어위수).

범지품 35-11 진실한 행위와 정법을 실행하면서도 맑고 깨끗해야

머리카락을 모아 묶는다고 범지라고 하지는 않습니다. 그 존재가 진실되고 정법을 실행하면서도 맑고 깨끗해야 어진 현자라고 한답니다.

非蔟結髮(비족결발), 名爲梵志(명위범지), 誠行法行(성행법행), 淸白則賢(청백즉현).

범지품 35-12 겉으로만 수행자 행세를 하면

머리를 묶어 꾸몄다 해도 지혜롭지 않으면서 풀옷을 입고서 수행자 행세를 하면 무엇을 베풀겠습니까? 속으로는 집착을 버리지 못하면서 겉으로만 버린들 무슨 소용이 있겠습니까?

飾髮無慧(식발무혜), 草衣何施(초의하시)? 內不離著(내불리착), 外捨何
益(외사하익)?

범지품 35-13 한가로이 머물면서 깊이 사유하며 선정에 들면

해지고 헌 누더기 옷을 입었어도 정법을 계승하여 실행하고, 한
가로이 머물면서 깊이 사유하며 선정에 들면 바라문의 범지라 한
답니다.

被服弊惡(피복폐악), 躬承法行(궁승법행), 閑居思惟(한거사유), 是謂梵
志(시위범지).

범지품 35-14 진리대로 행하고 거짓되지 않으면

부처님께서 가르치지 않은 이들은 자신을 칭찬하는 자들이랍니
다. 만약 진리대로 행하고 거짓되지 않으면 범지라 한답니다.

佛不教彼(불불교피), 讚己自稱(찬기자칭), 如諦不妄(여제불망), 乃爲梵
志(내위범지).

범지품 35-15 집착을 떨치고 속박에서 벗어나는 사람

모든 욕심을 절제하고 생각이 음란하지 않으며, 집착을 떨치
고 속박에서 벗어나는 사람을 일러 바라문의 범지라 한답니다.

絕諸可欲(절제가욕), 不婬其志(불음기지), 委棄欲數(위기욕수), 是謂梵
志(시위범지).

범지품 35-16 자신을 깨달아 번뇌의 구렁텅이에서 벗어나면

생사의 강을 끊고 인내하면서 번뇌에서 벗어납니다. 자신을 깨달아 번뇌의 구렁텅이에서 벗어나면 비리문의 범지라 한답니다.

斷生死河(단생사하), 能忍起度(능인기도), 自覺出塹(자각출참), 是謂梵志(시위범지).

범지품 35-17 욕을 먹거나 매질을 당해도 묵묵히 참아내면

욕을 먹거나 매질을 당해도 성내지 않고 묵묵히 참아냅니다. 욕됨을 참아내는 힘을 지닌다면 바라문의 범지라 한답니다.

見罵見擊(견매견격), 默受不怒(묵수불노), 有忍辱力(유인욕력), 是謂梵志(시위범지).

범지품 35-18 몸을 단정히 하여 스스로를 조련하면

만약 멸시나 속임을 당해도 오직 계율을 지키려 합니다. 몸을 단정히 하여 스스로를 조련하면 범지라 한답니다.

若見侵欺(약견침기), 但念守戒(단념수계), 端身自調(단신자조), 是謂梵志(시위범지).

범지품 35-19 탐욕에 물들지 아니하면

마음속의 바르지 못한 악법을 버리는 것이 마치 뱀이 허물을 벗는 것 같답니다. 탐욕에 물들지 아니하면 범지라 한답니다.

心棄惡法(심기악법), 如蛇脫皮(여사탈피), 不爲欲汚(불위욕오), 是謂梵志(시위범지).

범지품 35-20 마음의 무거운 짐을 내려놓으면

삶이 괴롭다는 것을 깨닫고 이에 따라 마음의 번뇌를 없앱니다. 마음의 무거운 짐을 내려놓으면 범지라 한답니다.

覺生爲苦(각생위고), 從是滅意(종시멸의), 能下重擔(능하중담), 是謂梵志(시위범지).

범지품 35-21 몸소 높은 뜻을 실행한다면

그윽하고 미묘한 지혜를 깨닫고 정도와 그릇된 것을 분별합니다. 몸소 높은 뜻을 실행한다면 범지라 한답니다.

解微妙慧(해미묘혜), 辯道不道(변도부도), 體行上義(체행상의), 是謂梵志(시위범지).

범지품 35-22 바라는 것도 적어지고 욕심이 없어지면

집에 살며 자기의 재물을 내어 남을 도와주면 집안의 두려움이 없어집니다. 바라는 것도 적어지고 욕심이 없어지면 범지라 한답니다.

棄捐家居(기연가거), 無家之畏(무가지외), 少求寡欲(소구과욕), 是謂梵志(시위범지).

범지품 35-23 생명들을 방생하고 어지러운 번뇌를 없애면

살아 있는 생명들을 방생하고 죽이거나 해치려는 마음을 없앱니다. 어지러운 번뇌를 없애면 범지라 한답니다.

棄放活生(기방활생), 無賊害心(무적해심), 無所嬈惱(무소요뇌), 是謂

梵志(시위범지).

범지품 35-24 악하게 다가와도 선하게 응대하면

다툼을 피해 싸우지 않고 남이 해치려 해도 성내지 않습니다.
악하게 다가와도 선하게 응대하면 범지라 한답니다.

避爭不爭(피쟁부쟁), 犯而不慍(범이불온), 惡來善待(악래선대), 是謂梵
志(시위범지).

범지품 35-25 마치 뱀이 허물을 벗어내듯 하면

음욕과 화와 어리석음을 없애고 교만하고 방자한 모든 악행을,
마치 뱀이 허물을 벗어내듯 하면 범지라 한답니다.

去婬怒癡(거음노치), 憍慢諸惡(교만제악), 如蛇脫皮(여사탈피), 是謂梵
志(시위범지).

범지품 35-26 팔정도를 닦고 사성제를 깨닫는다면

세상의 잡다한 일을 끊어버리고 입으로 거친 말을 하지도 않습
니다. 팔정도(八正道: 정견正見·정사유正思惟·정어正語·정업正業·정명正命·정
정진正精進·정념正念·정정正定)를 닦고 사성제(四聖諦: 고苦·집集·멸滅·도道)
를 깨닫는다면 범지라 한답니다.

斷絕世事(단절세사), 口無麤言(구무추언), 八道審諦(팔도심제), 是謂梵
志(시위범지).

범지품 35-27 얻을 것도 없고 버릴 것도 없으면

세상의 해로운 악법은 길거나 짧거나 크거나 작습니다. 얻을 것도 없고 버릴 것도 없으면 범지라 한답니다.

所世惡法(소세악법), 修短巨細(수단거세), 無取無捨(무취무사), 是謂梵志(시위범지).

범지품 35-28 악습도 없고 버릴 것도 없으면

지금의 현생에서 깨끗하게 행하면 후생에서도 더러움이 없습니다. 악습도 없고 버릴 것도 없으면 범지라 한답니다.

今世行淨(금세행정), 後世無穢(후세무예), 無習無捨(무습무사), 是謂梵志(시위범지).

범지품 35-29 부처님의 감로법을 수행하며 고뇌를 없애면

몸을 내버려 무엇에 의지하지 않고 기이한 주문도 암송하지 않습니다. 부처님의 감로법을 수행하며 고뇌를 없애면 범지라 한답니다.

棄身無猗(기신무의), 不誦異行(불송이행), 行甘露滅(행감로멸), 是謂梵志(시위범지).

범지품 35-30 걱정도 없고 번뇌도 없으면

죄와 복이 함께 있는 세상에서 두 가지를 길이길이 없앱니다. 걱정도 없고 번뇌도 없으면 범지라 한답니다.

於罪與福(어죄여복), 兩行永除(양행영제), 無憂無塵(무우무진), 是謂梵志(시위범지).

범지품 35-31 비방과 헐뜯음을 이내 없애 버리면

마음은 기쁨으로 가득 차 티끌조차 없으니 마치 둥글게 가득 찬 보름달 같답니다. 온갖 비방과 헐뜯음을 이내 없애 버리면 범지라 한답니다.

心喜無垢(심희무구), 如月盛滿(여월성만), 謗毀已除(방훼이제), 是謂梵志(시위범지).

범지품 35-32 번뇌를 없애고 다시 일으키지 않으면

어리석은 이들이 오가는 것을 보면 구렁텅이에 빠져 고통을 받습니다. 오직 피안의 세계로 가려 한다면 욕심을 버리고 의심을 씻어내야 합니다. 번뇌를 없애고 해탈하면 범지라 한답니다.

見癡往來(견치왕래), 墮塹受苦(타참수고), 欲單渡岸(욕단도안), 不好他語(불호타어), 唯滅不起(유멸불기), 是謂梵志(시위범지).

범지품 35-33 애욕을 이미 모두 없앴다면

이미 온정과 애정을 끊어버렸다면 집을 떠나 탐욕을 없애야 합니다. 애욕을 이미 모두 없앴다면 범지라 한답니다.

已斷恩愛(이단은애), 離家無欲(이가무욕), 愛有已盡(애유이진), 是謂梵志(시위범지).

범지품 35-34 모든 모여 사는 곳에도 돌아가지 않는다면

사람들이 모여 사는 곳에서도 떠나고 천신들이 모인 곳에도 떨어지지 않아야 합니다. 모든 모여 사는 곳에도 돌아가지 않는다면 범지라 한답니다.

離人聚處(이인취처), 不墮天聚(불타천취), 諸聚不歸(제취불귀), 是謂梵志(시위범지).

범지품 35-35 온갖 어긋난 세상일에 굳세게 맞서면

즐거움을 버리니 즐거움도 없고 모든 것을 없애니 욕망의 뜨거운 기운도 없답니다. 온갖 어긋난 세상일에 굳세게 맞서면 범지라 한답니다.

棄樂無樂(기락무락), 滅無熅燸(멸무온유), 健違諸世(건위제세), 是謂梵志(시위범지).

범지품 35-36 깨달아 평안하고 의지할 것도 없다면

삶의 이유도 이미 사라져 죽어서는 달려갈 곳도 없습니다. 깨달아 평안하고 의지할 것도 없다면 범지라 한답니다.

所生已訖(소생이흘), 死無所趣(사무소취), 覺安無依(각안무의), 是謂梵志(시위범지).

범지품 35-37 번뇌가 사라져 남은 것이 없다면

이미 오도(五道: 중생이 선악의 업보에 따라서 가는 다섯 세계로 지옥계地獄界·아귀계餓鬼界·축생계畜生界·수라계修羅界·인간계人間界를 말한다.)를 건너 더 이상 태어날 곳을 알지 못합니다. 번뇌가 사라져 남은 것이 없다면 범지라 한답니다.

已度五道(이도오도), 莫知所墮(막지소타), 習盡無餘(습진무여), 是謂

梵志(시위범지).

범지품 35-38 붙들 것도 없고 버릴 것도 없으면

전생과 다음 생은 물론 현생에도 미련이 없습니다. 붙들 것도 없고 버릴 것도 없으면 범지라 한답니다.

于前于後(우전우후), 乃中無有(내중무유), 無操無捨(무조무사), 是謂 梵志(시위범지).

범지품 35-39 깨달음이 흔들리지 않는다면

최고의 영웅이자 최고의 용사이니 스스로 깨달아 번뇌에서 벗어납니다. 깨달음이 흔들리지 않는다면 범지라 한답니다.

最雄最勇(최웅최용), 能自解度(능자해도), 覺意不動(각의부동), 是謂 梵志(시위범지).

범지품 35-40 심오한 도리에 밝게 통달하여 말 없는 현인처럼 침묵할 수 있다면

자신의 타고난 운명을 알고 본래의 곳으로 다시 왔거늘, 삶이 다하는 중요한 진리를 깨달아 심오한 도리에 밝게 통달하여 말 없는 현인처럼 침묵할 수 있다면, 범지라 한답니다.

自知宿命(자지숙명), 本所更來(본소경래), 得要生盡(득요생진), 叡通道 玄(예통도현), 明如能默(명여능묵), 是謂梵志(시위범지).

제36장 이원품(泥洹品)

적멸의 경지에 올라 생사의 두려움을 벗어남

이원품에서는, 대자연의 도가 되돌아감을 서술하면서 평안하게 생사의 괴로움을 끊는 적멸의 경지에 올라 생사의 두려움을 벗어나는 방법에 대해 설명하고 있습니다.

泥洹品者(이원품자), 敍道大歸(서도대귀), 恬惔寂滅(염담적멸), 度生死畏(도생사외).

이원품 36-1 인내는 최고의 방책이고 이원은 최상의 경지

부처님께서는 인내를 자신을 지키는 최고의 방책으로 삼았고, 열반을 뜻하는 이원을 최상의 경지라고 칭송하였습니다. 집을 버리고 출가하여 계율을 어기지 않으니 마음을 쉬게 해도 해로움이 없답니다.

忍爲最自守(인위최자수), 泥洹佛稱上(이원불칭상), 捨家不犯戒(사가불범계), 息心無所害(식심무소해).

이원품 36-2 무병과 후덕함, 열반이 최고의 기쁨

질병이 없는 것에 만족해야 한다는 것을 아는 사람이 최고의 부자이며, 후덕함이 최고의 벗이고 이원이 최고의 기쁨입니다.

　無病最利(무병최리), 知足最富(지족최부), 厚爲最友(후위최우), 泥洹最快(이원최쾌).

이원품 36-3 굶주림은 가장 큰 병폐이고

굶주림은 가장 큰 병폐이고 지어감(行)은 최고의 고통이며, 이미 이러한 이치를 알면 이원이 최고의 즐거움입니다.

　飢爲大病(기위대병), 行爲最苦(행위최고), 已諦知此(이체지차), 泥洹最樂(이원최락).

이원품 36-4 바른 길을 가는 사람은 드물고 나쁜 길로 가는 사람은 많다

바른 길을 가는 사람은 드물고 나쁜 길로 달려가는 사람은 많답니다. 만약 이러한 이치를 안다면 이원이 최고의 안식처랍니다.

　少往善道(소왕선도), 趣惡道多(취악도다), 如諦知此(여체지차), 泥洹最安(이원최안).

이원품 36-5 인연에 따라 좋은 곳에 태어나기도 하고 나쁜 곳에 떨어지기도 한다

인연에 따라 좋은 곳에 태어나기도 하고 인연에 따라 나쁜 곳에 떨어지기도 합니다. 인연으로 말미암아 열반인 이원에 가기도 하고 인연이 생기기도 합니다.

從因生善(종인생선), 從因墮惡(종인타악), 由因泥洹(유인이원), 所緣亦然(소연역연).

이원품 36-6 참된 뜻을 깨달은 진인은 열반으로 돌아간다

고라니와 사슴은 들판에서 노닐고 새들은 허공에 의지하며 날아다닙니다. 정법은 그것을 갚기 위해 돌아가고 진리를 깨달은 진인은 열반으로 돌아간답니다.

麋鹿依野(미록의야), 鳥依虛空(조의허공), 法歸其報(법귀기보), 眞人歸滅(진인귀멸).

이원품 36-7 시작은 시작하지 않는 것만 못하고

시작은 시작하지 않는 것만 못하고 시작은 시작이 없는 것만 못합니다. 이것을 얻는 것이 없는 것이라 하니 또한 거기에는 아무 생각도 없답니다.

始無如不(시무여불), 始不如無(시불여무), 是爲無得(시위무득), 亦無有思(역무유사).

이원품 36-8 즐거움이 없으면 고뇌의 경계에 선 것이니

마음은 보기 어렵지만 습관은 볼 수 있고 욕망에 대해 깨달은 사람은 올바른 소견을 갖추게 됩니다. 즐길 것이 없으면 괴로움의 끝에 다다른 것이고, 애욕이 있으면 고통만 불어납니다.

心難見習可覩(심난견습가도), 覺欲者乃見(각욕자내견), 無所樂爲苦際

(무소낙위고제), **在愛欲爲增痛**(재애욕위증통).

이원품 36-9 밝은 지혜만이 생사의 괴로움을 끝낼 수 있다

더러움을 분명하게 보아서 억제해야 하고, 이를 가까이하지 않으면 괴로움에서 벗어납니다. 보아서 봄이 있고, 들어서 들음이 있고, 생각해서 생각이 있습니다. 보고서도 집착하지 않으면 생각이 존재하지 않고, 모든 것을 버리면 열반의 경계에 서게 되며, 몸과 생각을 버리면 고통이 멈추고 의식이 다하면 괴로움도 끝나게 됩니다.

明不淸淨能御(명불청정능어), **無所近爲苦際**(무소근위고제). **見有見聞有聞**(견유견문유문), **念有念識有識**(염유념식유식), **覩無著亦無識**(도무착역무식), **一切捨爲得際**(일체사위득제), **除身想滅痛行**(제신상멸통행), **識已盡爲苦竟**(식이진위고경).

이원품 36-10 즐거움을 가까이하지 않으면 고요해지니

집착하면 마음이 흔들리고 마음을 비우면 맑고 깨끗해지고 마음이 흔들리지 않으면 쾌락을 멀리하게 됩니다. 쾌락을 멀리하면 고요에 이르게 되니 고요에 이르면 삶과 죽음이 오가는 것이 끊긴답니다.

猗則動虛則淨(의즉동허즉정), **動非近非有樂**(동비근비유락), **樂無近爲得寂**(낙무근위득적), **寂已寂已往來**(적이적이왕래).

이원품 36-11 오가는 것도 끊으면 삶과 죽음도 없어지고

오가는 것도 끊으면 삶과 죽음도 없어지고 생사가 끊어지니 이승과 저승도 없답니다. 이승과 저승이 끊겨 두 가지가 소멸되니 하나도 남지 않고 완전히 소멸되어 고통도 사라진답니다.

來往絕無生死(내왕절무생사), 生死斷無此彼(생사단무차피), 此彼斷爲 兩滅(차피단위량멸), 滅無餘爲苦除(멸무여위고제).

이원품 36-12 태어나 이 세상에 존재하기 때문에 자신을 이룰 수 있다

비구가 이 세상에 태어났기에 존재가 있고, 그 존재가 있어 행하는 것도 있게 됩니다. 존재가 나지 않으면 존재가 없고, 그 존재가 없으면 행하는 것도 없습니다. 대개 잡생각을 버리는 사람만이 능히 스스로 이루게 된답니다.

比丘有世生(비구유세생), 有有有作行(유유유작행), 有無生無有(유무생무유), 無作無所行(무작무소행), 夫唯無念者(부유무념자), 爲能得自致(위능득자치).

이원품 36-13 태어남이 없으면 다시 존재하지도 않고

태어남이 없으면 다시 존재하지도 않고 하는 일이 없으면 행할 곳도 없습니다. 태어남도 있고 행하는 것도 있는 사람은 이 때문에 가장 중요한 것을 얻지 못하게 됩니다.

無生無復有(무생무복유), 無作無行處(무작무행처), 生有作行者(생유작행자), 是爲不得要(시위부득요).

이원품 36-14 해탈하였다면 태어남과 존재에 연연하지 않기 때문에

만약 이미 해탈하였다면 태어남과 존재에 연연하지 않기 때문에 행하는 것도 없습니다. 태어나서 존재하면 중요한 것을 얻을 수 있지만 태어남으로부터 존재가 생기고 행하는 것으로 인해 생사가 생깁니다. 그 때문에 부처님은 법의 결과를 열어 보이셨습니다.

若已解不生(약이해불생), 不有不作行(불유부작행). 則生有得要(즉생유득요), 從生有已起(종생유이기), 作行致死生(작행치사생), 爲開爲法果(위개위법과).

이원품 36-15 행하는 것도 없으니 맑고 맑아져 평안해진다

먹는 것에 따라 존재가 있게 되고 먹는 것에 따라 걱정과 즐거움도 있게 됩니다. 그러나 이 요체를 없애는 사람은 다시 그 행(行)의 자취를 없애버립니다. 모든 고뇌의 법이 이미 다해 그 행(行)이 없어지니 맑고 맑아져 평안해진답니다.

從食因緣有(종식인연유), 從食致憂樂(종식치우낙), 而此要滅者(이차요멸자), 無復念行迹(무부념행적). 諸苦法已盡(제고법이진), 行滅湛然安(행멸담연안).

이원품 36-16 이승도 저승도 없으니 매달릴 것도 없다

수행자 비구들이여! 나(부처님)는 이미 깨달았거늘, 다시 들어갈 곳이 없답니다. 허공에 들어갈 존재도 없고 모든 받아들이는 작용도 없고 생각하거나 생각하지 않음에 들어감도 없으며 현세도 내세도 없습니다. 해와 달이라는 생각도 없고 가는 일도 없고 매달리는 것도 없습니다.

比丘吾已知(비구오이지), 無復諸入地(무부저입지). 無有虛空入(무유허공입), 無諸入用入(무저입용입), 無想不想入(무상불상입), 無今世後世(무금세후세), 亦無日月想(역무일월상), 無往無所懸(무왕무소현).

이원품 36-17 죽지도 않고 다시 태어나지도 않는 이원

나는 이미 갔다가 돌아오는 일이 없으니 가지도 않고 오지도 않습니다. 죽지도 않고 다시 태어나지도 않는 이 경계가 바로 이원(열반)입니다.

我已無往反(아이무왕반), 不去而不來(불거이불래), 不沒不復生(불몰불복생), 是際爲泥洹(시제위이원).

이원품 36-18 형상의 있음과 없음에서 벗어나고 고통과 즐거움에서 벗어난다면

만약 이와 같이 형상의 있음과 없음에서 벗어나고 고통과 즐거움에서 벗어난다면, 보이는 것이 있어도 두렵지 않으며 말이 없어지니 말에 의심이 없답니다.

如是像無像(여시상무상), 苦樂爲以解(고락위이해), 所見不復恐(소견불부공), 無言言無疑(무언언무의).

이원품 36-19 모든 존재의 화살을 끊고 어리석게 의지하려 하지 않아야

모든 존재의 화살을 끊고 어리석게 의지하려 하지도 않습니다. 이것을 가장 유쾌한 일로 여기니 이러한 도는 더 오를 게 없어서 고요하답니다.

斷有之射箭(단유지사전), 遭愚無所猗(구우무소의), 是爲第一快(시위제일쾌), 此道寂無上(차도적무상).

이원품 36-20 맑은 물에 때가 없는 것처럼

욕보이더라도 마음을 대지와 같게 하고, 욕보이는 것을 참아내는 것을 문지방과 같게 하며, 맑은 물에 때가 없는 것처럼 깨끗하게 하면 삶이 다할 때에도 어떠한 것에도 미혹되지 않는답니다.

受辱心如地(수욕심여지), 行忍如門閾(행인여문역), 淨如水無垢(정여수무구), 生盡無彼受(생진무피수).

이원품 36-21 정법으로 승리했다면 괴로움은 생기지 않는다

이로움을 좇아 승리하라는 말은 믿을 게 못 되니 비록 이겼더라도 다시 괴로움이 따르게 됩니다. 마땅히 스스로 정법으로 승리해야 하며 이미 승리했다면 더 이상 괴로움은 생겨나지 않는답니다.

利勝不足恃(이승부족시), 雖勝猶復苦(수승유복고), 當自求法勝(당자구법승), 已勝無所生(이승무소생).

이원품 36-22 씨종자가 불에 타면 다시 싹트지 않으니

옛것이 끝났다고 새로운 것을 만들지 말며 아이가 잉태되는 것을 싫어한다면 음란한 짓도 하지 말아야 합니다. 씨종자가 불에 타면 다시 싹트지 않으니 온갖 잡념이 불길이 꺼지듯 사라진답니다.

畢故不造新(필고부조신), 厭胎無婬行(염태무음행), 種燋不復生(종초불복생), 意盡如火滅(의진여화멸).

이원품 36-23 아무리 좋은 곳에 있다 한들 이원만 못하다

아이를 밴 어미의 양수는 더러운 바다이거늘 어찌 음란한 행위를 즐겨야겠습니까? 비록 좋은 곳에 있다 한들 모든 게 열반인 이원만 못하답니다.

胞胎爲穢海(포태위예해), 何爲樂婬行(하위락음행)? 雖上有善處(수상유선처), 皆莫如泥洹(개막여니원).

이원품 36-24 모든 것을 버리면 모든 번뇌의 얽매임에서 벗어나

이 이치를 모두 깨달아 모든 것을 끊어내 다시는 이 세상에 집착하지 않아야 합니다. 모든 것을 버리면 모든 번뇌의 얽매임에서 벗어나는데 온갖 도 가운데서 이것이 가장 뛰어나답니다.

悉知一切斷(실지일체단), 不復著世間(불부착세간), 都棄如滅度(도기여멸도), 衆道中斯勝(중도중사승).

이원품 36-25 행하는 것이 깨끗하여 더러움이 없다면

부처님께서 훌륭한 정법을 밝혔으니 지혜와 용기로 받들어 가질 수 있습니다. 행하는 것이 깨끗하여 더러움이 없다면 세상은 편안해진답니다.

佛以現諦法(불이현제법), 智勇能奉持(지용능봉지), 行淨無瑕穢(행정무하예), 自知度世安(자지도세안).

이원품 36-26 탐욕을 멀리하고 부처님의 가르침과 계율을 따라야

정도를 힘써 닦아 먼저 탐욕을 멀리하고 부처님의 가르침과 계율을 따라야 합니다. 악을 없애 악의 끝에 이르면 새가 창공을 날 듯 수월해집니다.

道務先遠欲(도무선원욕), 早服佛教戒(조복불교계), 滅惡極惡際(멸악극악제), 易如鳥逝空(이여조서공).

이원품 36-27 정법의 구절을 이해했다면 지극한 마음으로 그 도를 행해야

만약 정법의 구절을 이해했다면 지극한 마음으로 그 도를 행해야 합니다. 그리하면 생사의 언덕을 건너 괴로움이 사라지고 근심이 사라진답니다.

若已解法句(약이해법구), 至心體道行(지심체도행), 是度生死岸(시도생사안), 苦盡而無患(고진이무환).

이원품 36-28 맺힌 것이 풀리면 맑고 깨끗해진다

도와 법은 친하거나 소원하지도 않고 올바름은 약함과 강함을 따지지 않습니다. 요점은 생각을 없애는 데 있으며 맺힌 것이 풀리면 맑고 깨끗해진답니다.

道法無親疏(도법무친소), 正不問羸強(정불문리강), 要在無識想(요재무식상), 結解爲淸淨(결해위청정).

이원품 36-29 지혜로운 사람은 위태로움을 편안함으로 바꾸며

가장 지혜로운 사람은 몸이 썩어가는 것을 싫어하며 가부좌하여 선을 닦는 것이 진실되지 않으면, 괴로움은 많아지고 즐거움은 적어지면서 아홉 구멍 중에 하나도 깨끗한 것이 없게 된답니다. 지혜로운 사람은 위태로움을 편안함으로 바꾸며 의지하는 것들을 버리고 모든 어려움에서 벗어납니다. 형체가 썩으면 물거품처럼 사라지니 지혜로운 사람은 보는 즉시 버리고 탐내지도 않는답니다.

上智饜腐身(상지염부신), 危脆非實眞(위취비실진), 苦多而樂少(고다이락소), 九孔無一淨(구공무일정). 慧以危貿安(혜이위무안), 棄猗脫衆難(기의탈중난), 形腐銷爲沫(형부소위말), 慧見捨不貪(혜견사불탐).

이원품 36-30 온갖 번뇌를 버리고 청정하게 수행하면

몸을 관찰하면 괴로움의 그릇이니 태어나고 늙어가고 병들고 죽는 게 고통입니다. 온갖 번뇌를 버리고 청정하게 수행하면 큰 평안을 얻을 수 있답니다.

觀身爲苦器(관신위고기), 生老病死痛(생로병사통), 棄垢行淸淨(기구행청정), 可以獲大安(가이획대안).

이원품 36-31 맑고 깨끗하게 수행하여 이 세상을 건너면

지혜에 의하여 사악함을 물리치고 받아들이지 않으면 온갖 번뇌가 사라지게 됩니다. 맑고 깨끗하게 수행하여 이 세상을 건니면 하늘과 사람 모두에게 존경받게 된답니다.

依慧以却邪(의혜이각사), 不受漏得盡(불수루득진), 行淨致度世(행정치도세), 天人莫不禮(천인막불례).

제37장 생사품(生死品)

모든 사람의 영혼은 행함에 따라 바뀌어 태어남

생사품에서는, 모든 사람의 영혼은 행함에 따라 바뀌어 태어남을 설명하고 있습니다.

生死品者(생사품자), 說諸人魂(설제인혼), 靈亡神在(영망신재), 隨行轉生(수행전생).

생사품 37-1 어느 누가 죽지 않겠는가?

우리네 목숨은 꽃과 열매가 떨어지는 것을 항상 두려워하는 것처럼 이미 태어난 모든 것은 괴로움이 있으니, 어느 누가 죽지 않겠습니까?

命如菓待熟(명여과대숙), 常恐會零落(상공회령락), 已生皆有苦(이생개유고), 孰能致不死(숙능치불사)?

생사품 37-2 목숨이 번개처럼 밤낮으로 빨리 흐르니

처음으로 사랑을 즐겨 하면 음란해져 물거품 같고 그림자 같은 어머니 태(胎)에 들어가 버립니다. 태어난 몸과 목숨이 번개와도 같으니 밤낮으로 빨리 흘러 멈추기도 어렵답니다.

從初樂恩愛(종초락은애), 可婬入泡影(가음입포영), 受形命如電(수형명여전), 晝夜流難止(주야류난지).

생사품 37-3 몸은 죽어야 할 물체이지만 정신은 형체가 없는 법

이 몸은 죽어야 할 물체이지만 정신은 형체가 없는 법이랍니다. 가령 죽어서 다시 태어나더라도 죄업과 복덕은 사라지지 않는답니다.

是身爲死物(시신위사물), 精神無形法(정신무형법), 假令死復生(가령사복생), 罪福不敗亡(죄복불패망).

생사품 37-4 어리석음에 의해 애욕은 끝없이 이어진다

시작과 끝이 한세상에 그치지 않고 어리석음에 의해 애욕은 끝없이 이어집니다. 스스로 이러한 괴로움과 즐거움을 일으킨 것이니 몸은 죽더라도 정신은 죽지 않는답니다.

終始非一世(종시비일세), 從癡愛久長(종치애구장), 自此受苦樂(자차수고락), 身死神不喪(신사신불상).

생사품 37-5 사대와 사음, 18정과 12연기

몸의 네 가지 요소(四大)가 색(色)이 되고 의식의 네 가지 쌓임(四陰)이 명(名)이 됩니다. 정(情)에는 열여덟 가지가 있고 인연이 일어나는 것에는 열두 가지가 있습니다.

身四大爲色(신사대위색), 識四陰曰名(식사음왈명), 其情十八種(기정십팔종), 所緣起十二(소연기십이).

생사품 37-6 영혼이 머무는 곳은 아홉 곳이 있는데

영혼이 머무는 곳은 무릇 아홉 곳이 있는데 우리네 삶과 죽음은 끊어지거나 사라지지 않는답니다. 이 세상의 어리석은 이들은 이를 알지 못하기 때문에 어두움에 휩싸이고 모든 것을 볼 수 있는 천안도 없답니다.

神止凡九處(신지범구처), 生死不斷滅(생사부단멸), 世間愚不聞(세간우불문), 蔽闇無天眼(폐암무천안).

생사품 37-7 진리를 깨닫는 눈이 없어 제멋대로 망령된 소견을 낸다

스스로 세 가지 때(탐냄·성냄·어리석음)를 묻히고 진리를 깨닫는 눈이 없어 제멋대로 망령된 소견을 냅니다. 그래서 '죽은 뒤에도 살아 있을 때와 같다'고 말하기도 하고 '죽은 뒤에는 아무것도 없다'고 말하기도 한답니다.

自塗以三垢(자도이삼구), 無目意妄見(무목의망견), 謂死如生時(위사여생시), 或謂死斷滅(혹위사단멸).

생사품 37-8 식신은 삼계와 선악의 다섯 곳을 조성

사물을 분별하고 인식하는 정신인 식신은 삼계(三界: 중생이 생사왕래하는 세 가지로 욕계·색계·무색계를 이르는 말)와 선악의 다섯 곳을 조성합니다. 알게 모르게 행하고 말없이 이르는 곳마다 그리고 가는 곳마다 메아리가 답하는 듯하답니다.

識神造三界(식신조삼계), 善不善五處(선불선오처), 陰行而默到(음행이
묵도), 所往如響應(소왕여향응).

생사품 37-9 대자연의 인과응보는 평소 마음먹은 대로 나타나

욕계와 색계와 무색계는 모두 전생의 업보를 따릅니다. 마치 씨
앗이 본래의 형상을 따르는 것처럼 대자연의 인과응보는 평소 마
음먹은 대로 나타납니다.

欲色不色有(욕색불색유), 一切因宿行(일체인숙행), 如種隨本像(여종수
본상), 自然報如意(자연보여의).

생사품 37-10 사물의 이름은 외형에 따라 이름을 붙인다

정신은 몸을 빌어 이름을 붙이니 마치 불 화(火) 자를 불의 외형에
따라 만든 것과 같습니다. 초에 불을 붙이면 촛불이 되고 숯, 풀,
똥, 땔나무에 불을 붙이면 각기 다른 외형의 불이 되듯 말이죠.

神以身爲名(신이신위명), 如火隨形字(여화수형자), 著燭爲燭火(착촉위
촉화), 隨炭草糞薪(수탄초분신).

생사품 37-11 흥하고 쇠함이 마치 비와 우박처럼 돌고 돌지만

법이 일어나면 마음이 일어나고 법이 사라지면 마음이 사라진
답니다. 흥하고 쇠함이 마치 비와 우박처럼 돌고 돌지만 스스로
알지 못한답니다.

心法起則起(심법기즉기), 法滅而則滅(법멸이즉멸), 興衰如雨雹(흥쇠여

우박), **轉轉不自識**(전전부자식).

생사품 37-12 식신은 다섯 길을 내달려서

영혼인 식신(識神: 분별하고 인식하는 정신이라는 뜻으로 '마음' 또는 '영혼'을 이르는 말)은 다섯 길을 내달려서 어느 한 곳도 바뀌지 않는 곳이 없답니다. 현재의 몸을 버리고 다시 새로운 몸을 받는 것이 마치 바퀴가 땅에 붙어 구르는 것과 같습니다.

識神走五道(식신주오도), **無一處不更**(무일처불경), **捨身復受身**(사신부수신), **如輪轉著地**(여륜전착지).

생사품 37-13 몸은 무너져도 영혼은 죽지 않는다

마치 사람이 자신의 몸이 기거할 곳을 정할 때 옛집을 버리고 떠나듯이, 영혼은 몸을 집으로 삼아 몸은 무너져도 영혼은 죽지 않는답니다.

如人一身居(여인일신거), **去其故室中**(거기고실중), **神以形爲廬**(신이형위려), **形壞神不亡**(형괴신불망).

생사품 37-14 몸이 무너지면 영혼은 다른 곳으로 가서 산다

정신이 형체를 이루는 몸에 기거하는 것은 마치 참새가 그릇 속에 갇혀 살다가, 그릇이 깨지면 날아가 버리는 것 같습니다. 몸이 무너지면 영혼은 다른 곳으로 가서 산답니다.

精神居形軀(정신거형구), **猶雀藏器中**(유작장기중), **器破雀飛去**(기파작비거), **身壞神逝生**(신괴신서생).

생사품 37-15 꺼리거나 바라는 것은 좋은 것은 아니니

타고난 성품이 어리석으면 '몸이 즐겁다'고 생각하거나 '몸에 안 좋다'고 생각합니다. 꺼리거나 바라는 것은 좋은 것은 아니니 "이것은 밝은 지혜가 아니다"고 부처님께서 말씀하셨답니다.

性癡淨常想(성치정상상), 樂身想疑想(낙신상의상), 嫌望非上要(혐망비상요), 佛說是不明(불설시불명).

생사품 37-16 만사가 녹아버리니 느끼는 기쁨

하나의 근본은 둘로 뻗어 나가고 세 가지 업보와 다섯 가지 감각기관으로 확장됩니다. 모든 바다에 열세 가지 일들이 모두 녹아버리니 그 물을 건넌 뒤에야 기쁨을 느낀답니다.

一本二展轉(일본이전전), 三垢五彌廣(삼구오미광), 諸海十三事(제해십삼사), 淵銷越度歡(연소월도환).

생사품 37-17 탐냄과 성냄, 어리석음을 모두 버리고 나서야

세 가지(탐냄·성냄·어리석음)를 모두 버리고 나서야 몸이 중요하지 않다는 것을 알게 됩니다. 따뜻한 목숨의 기운과 의식은 그 몸을 버리고 계속 바뀌어 갑니다.

三事斷絕時(삼사단절시), 知身無所直(지신무소직), 命氣煴煖識(명기온난식), 捨身而轉逝(사신이전서).

생사품 37-18 죽어서 땅에 누워 있으면 마치 초목처럼 아무것도 모르게 되니

죽어서 땅에 누워 있으면 마치 초목처럼 아무것도 모르게 됩니다. 그 상황을 살펴보면 우리 몸은 단지 허깨비와 같은데도 어리석게도 탐욕을 부린답니다.

當其死臥地(당기사와지), 猶草無所知(유초무소지), 觀其狀如是(관기상여시), 但幻而愚貪(단환이우탐).

제38장 도리품(道利品)

임금과 부모와 스승은 선한 도를 먼저 행하고 보여주어야 함

도리품에서는, 임금과 부모와 스승은 먼저 행하고, 선한 도를 열어 보여주면서 올바르게 이끌어야 함을 말씀하고 있습니다.

道利品者(도리품자), 君父師行(군부사행), 開示善道(개시선도), 率之以正(솔지이정).

도리품 38-1 믿음과 계율과 보시와 경청과 지혜를 갖추면

사람이라면 자기의 웃어른인 임금과 부모와 스승과 도사를 받들어야 하고, 믿음, 계율, 보시, 듣고 깨달음, 지혜를 갖추면 마침내 길하여 편안한 곳에서 태어난답니다.

人知奉其上(인지봉기상), 君父師道士(군부사도사), 信戒施聞慧(신계시문혜), 終吉所生安(종길소생안).

도리품 38-2 전생에 지은 복으로 이 세상에 태어나

전생에 지은 좋은 복으로 이 세상에 태어나 사람들에게 존경받

게 되며, 바른 길을 걸으며 천하를 평안하게 하고 바른 법을 받드
니 따르지 않는 사람이 없답니다.

宿命有福慶(숙명유복경), 生世爲人尊(생세위인존), 以道安天下(이도안
천하), 奉法莫不從(봉법막부종).

도리품 38-3 왕은 신하와 백성의 어른이니 솔선수범해야

왕은 신하와 백성의 어른이니 늘 자비심으로 아랫사람을 사랑
하고, 정법과 계율로써 솔선수범을 함으로써 허물이 없게 해야 합
니다.

王爲臣民長(왕위신민장), 常以慈愛下(상이자애하), 身率以法戒(신솔이
법계). 示之以休咎(시지이휴구).

도리품 38-4 편안한 곳에 살면서도 위태로움을 잊지 말아야 하고

편안한 곳에 살면서도 위태로움을 잊지 말아야 하고 오두막집
에 살면서도 밝은 지혜로 생각하면 복덕이 굴러들어 후덕해집니
다. 복덕을 되돌려 갚을 때는 신분의 높고 낮음을 따지지 않아야
합니다.

處安不忘危(저안불망위), 慮明福轉厚(여명복전후), 福德之反報(복덕지
반보), 不問尊以卑(불문존이비).

도리품 38-5 세상의 주인이 되었다면 억울한 일이 생기지 않도록
해야

무릇 세상의 주인이 되었다면 억울한 일이 생기지 않도록 해야

합니다. 마음을 잘 다스려 모든 악을 이겨내면 정법을 따르는 왕이 된답니다.

夫爲世間將(부위세간장), 修正不阿抂(수정불아굉), 心調勝諸惡(심조승제악), 如是爲法王(여시위법왕).

도리품 38-6 은혜를 베풀고 이로움을 고르게 베풀어야

정법을 깨달아야 능히 은혜를 베풀 수 있고, 인자한 마음으로 남에게 이익이 생기는 것을 좋아하며 남을 이익되게 할 수 있습니다. 이미 이롭게 하였다면 그 이로움을 고르게 베풀면 모든 사람들이 친히 따를 겁니다.

見正能施惠(견정능시혜), 仁愛好利人(인애호리인), 旣利以平均(기리이평균), 如是衆附親(여시중부친).

도리품 38-7 올바르게 인도하면 많은 사람들이 두루 편안하다

만약 소를 독려하여 물을 건너게 하려면 이끄는 이가 올바르면 따르는 소도 올바르게 됩니다. 정법을 받들어 마음이 삿되지 않는다면 많은 사람들이 두루 편안하답니다.

如牛厲渡水(여우려도수), 導正從亦正(도정종역정), 奉法心不邪(봉법심불사), 如是衆普安(여시중보안).

도리품 38-8 악한 마음은 결국 자신을 죽이게 하여

함부로 영묘한 코끼리를 희롱하지 말아야 합니다. 이는 괴로움과 고통과 근심을 불러들인답니다. 악한 마음은 자신을 죽이게 하여 끝내는 좋은 곳에 가지 못한답니다.

勿妄嬈神象(물망요신상), 以招苦痛患(이초고통환), 惡意爲自煞(악의위자살), 終不至善方(종부지선방).

도리품 38-9 삼악도에서 멀어지려면

계율의 공덕을 믿으면 복덕이 늘 자신을 따른답니다. 정법을 보아야 사람들의 어른이 되어 마침내 삼악도(지옥·아귀·축생)에서 멀어진답니다.

戒德可恃怙(계덕가시호), 福報常隨己(복보상수기), 見法爲人長(견법위인장), 終遠三惡道(종원삼악도).

도리품 38-10 계율을 지켜 괴로움과 두려움을 버리면

계율을 지켜 괴로움과 두려움을 버리면 그 복덕은 삼계(욕계·색계·무색계)에서도 귀하게 됩니다. 그래서 귀신과 용의 사악하고 해로운 독도 계율을 지키는 사람을 침범하지 못한답니다.

戒愼除苦畏(계신제고외), 福德三界尊(복덕삼계존), 鬼龍邪毒害(귀룡사독해), 不犯持戒人(불범지계인).

도리품 38-11 어리석은 이와 가까이하면 많은 죄를 짓게 된다

도리도 없고 진실되지 않으며 남을 속이고 다투기만을 좋아하는 사람이 있다면, 마땅히 이러한 사람들과는 멀어져야 합니다. 어리석은 이와 가까이하면 많은 죄를 짓게 됩니다.

無義不誠信(무의불성신), 欺妄好鬪諍(기망호투쟁), 當知遠離此(당지원

리차), 近愚興罪多(근우흥죄다).

도리품 38-12 지혜로운 사람과 가까이하면 진실되고 선행도 늘어 난다

어질고 현명하고 그 말이 진실하고 많이 들어서 지혜롭게 계율을 실천하는 사람이 있다면, 마땅히 이런 사람과 친하게 붙어 지내야 합니다. 지혜로운 사람과 가까이하면 진실되고 선행도 늘어납니다.

仁賢言誠信(인현언성신), 多聞戒行具(다문계행구), 當知親附此(당지친부차), 近智誠善多(근지성선다).

도리품 38-13 말만 잘하면서 계율을 지키지 않으면

말만 잘하면서 계율을 지키지 않으면 의지가 약해져 선행을 실천하지 못합니다. 비록 몸은 그윽한 곳에 고요히 살더라도 이런 사람은 정법을 배우지 못한답니다.

善言不守戒(선언불수계), 志亂無善行(지란무선행), 雖身處潛隱(수신처잠은), 是爲非學法(시위비학법).

도리품 38-14 아름답게 설명하면 최상

아름답게 설명하면 최상이고, 정법으로 설명하면 두 번째이며, 자애롭게 설명하면 세 번째이고, 진실되게 말하면서 속이지 않는 말은 네 번째가 됩니다.

美說正爲上(미설정위상), 法說爲第二(법설위제이), 愛說可彼三(애설가

피삼), **誠說不欺四**(성설불기사).

도리품 38-15 어리석은 사람은 망령된 말을 배우길 좋아하고

미숙한 사람이 날카로운 칼을 얻게 되면 자기 몸을 베어버릴 수도 있습니다. 어리석은 사람은 망령된 말을 배우길 좋아하고 그에 따라 복을 받지 못하게 된답니다.

無便獲利刃(무편획리인), **自以剋其身**(자이극기신), **愚學好妄說**(우학호망설), **行牽受幸戾**(행견수행려).

도리품 38-16 음욕과 화와 어리석음은 선행의 근본은 아니다

음욕과 화와 어리석음, 이 세 가지는 선행의 근본은 아닙니다. 이것들로 제 몸을 해치고 어리석은 욕망이 생긴답니다.

貪婬瞋恚癡(탐음진에치), **是三非善本**(시삼비선본), **身以斯自害**(신이사자해), **報由癡愛生**(보유치애생).

도리품 38-17 성인은 홀로 밝게 보아서 지혜를 깨닫고

복이 있으면 하늘이나 사람이 되고 정법을 따르지 않으면 가축이나 미물로 태어납니다. 성인은 홀로 밝게 보아서 지혜를 깨닫고 늘 부처님의 분부를 잘 받든답니다.

有福爲天人(유복위천인), **非法受惡形**(비법수악형), **聖人明獨見**(성인명독견), **常善承佛令**(상선승불령).

도리품 38-18 계율을 지켜 생기는 공덕은 다음 생의 업이 되니

계율을 지켜 생기는 공덕은 다음 생의 업이 되니 복덕을 지으면 그 몸에 따르게 됩니다. 하늘과 사람들이 선행이라고 칭찬하니 마음이 올바르면 편안하지 않을 수 없답니다.

戒德後世業(계덕후세업), 以作福追身(이작복추신), 天人稱譽善(천인칭예선), 心正無不安(심정무불안).

도리품 38-19 운명은 강물처럼 흘러가니 계율을 잘 지켜야

악행을 일삼으면서도 그치려 하지 않으면서 날로 자신을 얽어매는데도 스스로 후회하지도 않습니다. 운명은 강물처럼 흘러가니 이것이 두렵거든 마땅히 계율을 잘 지켜야 합니다.

爲惡不念止(위악불념지), 日縛不自悔(일박부자회), 命逝如川流(명서여천류), 是恐宜守戒(시공의수계).

도리품 38-20 이제 내 몸의 머리 위에는 백발이 생겨나니

이제 내 몸의 머리 위에는 백발이 생겨나니 시간을 도둑맞았고, 이미 저승사자의 부름도 있었으니 이제야말로 집을 떠나야 합니다.

今我上體首(금아상체수), 白生爲被盜(백생위피도), 已有天使召(이유천사소), 時正宜出家(시정의출가).

제39장 길상품(吉祥品)

수행하여 악을 제거하고 선으로 나아가야 큰 복을 얻음

길상품에서는, 자기만의 술책을 닦아 악을 제거하고 선으로 나아가면 마침내 큰 복을 받을 수 있음을 밝히고 있습니다.

吉祥品者(길상품자), 修己之術(수기지술), 去惡就善(거악취선), 終厚景福(종후경복).

길상품 39-1 길상이 무어냐고 물었다

부처님의 존귀하심은 하늘보다 뛰어나시며 여래께서는 늘 의로움을 드러내십니다. 범지와 도사가 찾아와 길상이 무어냐고 물었습니다.

佛尊過諸天(불존과저천), 如來常現義(여래상현의), 有梵志道士(유범지도사), 來問何吉祥(내문하길상)?

길상품 39-2 정법을 즐겁게 믿는 것이 곧 길상

이에 부처님께서는 그들을 가엾게 여겨 진리의 요점만을 말씀하셨답니다. 정법을 즐겁게 믿는 것이 가장 길하고 상서로운 길상이라고 한답니다.

於是佛愍傷(어시불민상), 爲說眞有要(위설진유요), 已信樂正法(이신락정법), 是爲最吉祥(시위최길상).

길상품 39-3 하늘이나 사람에게 요행을 바라지 않고

만약 하늘과 사람에게 요행을 바라지 않고, 또한 사당의 신에게 기도하지 않으면 이것이 바로 최고의 길상이라고 한답니다.

若不從天人(약부종천인), 希望求僥倖(희망구요행), 亦不禱祠神(역부도사신), 是爲最吉祥(시위최길상).

길상품 39-4 늘 복덕을 먼저 지으며 진실되고 올바른 것을 따르는 것

현명한 이를 벗 삼아 늘 복덕을 먼저 지으며, 몸가짐을 경계하면서 진실되고 올바른 것을 따르는 것, 이것을 최고의 길상이라고 한답니다.

友賢擇善居(우현택선거), 常先爲福德(상선위복덕), 勅身從眞正(칙신종진정), 是爲最吉祥(시위최길상).

길상품 39-5 술을 피하면서도 여색에도 빠지지 않으면

악을 제거하고 선을 따라 나아가며 술을 피하면서 스스로 절제할 줄 알며, 여색에 빠져 음란함을 일삼지 않으면 이것을 최고의 길상이라고 한답니다.

去惡從就善(거악종취선), 避酒知自節(피주지자절), 不婬于女色(불음우녀색), 是爲最吉祥(시위최길상).

길상품 39-6 많이 들어서 배우고 계율에 따라 행동하는 것

많이 들어서 배우고 계율에 따라 행동하고 정법과 계율을 배우는 데 정진하며, 다툼이 없게 하는 것, 이것을 최고의 길상이라고 한답니다.

多聞如戒行(다문여계행), 法律精進學(법률정진학), 修已無所爭(수이무소쟁), 是爲最吉祥(시위최길상).

길상품 39-7 부모에게 효도하고 처자식을 잘 돌보는 것

부모에게 효도하고 집안을 잘 다스려 아내와 자식들을 보살피면서 부질없는 짓을 하지 않는 것, 이것을 최고의 길상이라고 한답니다.

居孝事父母(거효사부모), 治家養妻子(치가양처자), 不爲空之行(불위공지행), 是爲最吉祥(시위최길상).

길상품 39-8 오만하지 않고 시시때때로 경전을 외우고 익히는 것

오만하지 않고 자신이 위대하다고 여기지 않아서 자만하지 않고 생각하고 또 생각하며 시시때때로 경전을 외우고 익히는 것, 이것을 최고의 길상이라고 한답니다.

不慢不自大(불만부자대), 知足念反復(지족념반복), 以時誦習經(이시송습경), 是爲最吉祥(시위최길상).

길상품 39-9 매번 강론의 말씀을 경청하고 받아들이는 것

나쁜 소식을 들어도 늘 참아내며 수행자 사문을 즐겁게 뵙고자 하면서 매번 강론의 말씀을 경청하고 받아들이는 것, 이것을 최고의 길상이라고 한답니다.

所聞常以忍(소문상이인), 樂欲見沙門(낙욕견사문), 每講輒聽受(매강첩청수), 是爲最吉祥(시위최길상).

길상품 39-10 부처님의 수행법인 범행을 닦고 밝은 지혜를 지닌 사람을 따르는 것

심신을 맑고 깨끗하게 유지하며 부처님의 수행법인 범행을 닦고 늘 현인과 성인을 찾아뵙고자 하면서 밝은 지혜를 지닌 사람을 따르는 것, 이것을 최고의 길상이라고 한답니다.

持齋修梵行(지재수범행), 常欲見賢聖(상욕견현성), 依附明智者(의부명지자), 是爲最吉祥(시위최길상).

길상품 39-11 믿음으로써 도와 덕을 갖추고 삼악도에서 벗어나길 바라는 것

믿음으로써 도와 덕을 갖추고 올바른 의지로 의심하지 않고 나아가 삼악도(지옥도地獄道·축생도畜生道·아귀도餓鬼道)에서 벗어나길 바라는 것, 이것을 최고의 길상이라고 한답니다.

以信有道德(이신유도덕), 正意向無疑(정의향무의), 欲脫三惡道(욕탈삼악도), 是爲最吉祥(시위최길상).

길상품 39-12 한결같은 마음으로 보시를 행하고 하늘과 사람들을 공경하는 것

한결같은 마음으로 보시를 행하고 모든 도를 체득한 사람을 받들며 또한 모든 하늘과 사람들을 공경하는 것, 이것을 최고의 길상이라고 한답니다.

等心行布施(등심행보시), 奉諸得道者(봉제득도자), 亦敬諸天人(역경제천인), 是爲最吉祥(시위최길상).

길상품 39-13 성실하게 도를 익혀 깨달음을 얻는 것

항상 탐욕과 어리석음과 성냄으로부터 벗어나고자 하는 마음을 지니고서 성실하게 도를 익혀 깨달음을 얻는 것, 이것을 최고의 길상이라고 한답니다.

常欲離貪欲(상욕리탐욕), 愚癡瞋恚意(우치진에의), 能習誠道見(능습성도견), 是爲最吉祥(시위최길상).

길상품 39-14 부지런히 수행하면서 항상 옳은 일을 하려는 것

힘써서는 안 될 것은 버리고 정도를 실천하기 위해 부지런히 수행하면서 항상 옳은 일을 하려는 것, 이것을 최고의 길상이라고 한답니다.

若以棄非務(약이기비무), 能勤修道用(능근수도용), 常事於可事(상사어가사), 是爲最吉祥(시위최길상).

길상품 39-15 어질게 수행하고 중생을 편안하게 하는 것

모든 일을 천하를 위해 하고 크고 자비로운 마음을 굳건하게 세워 어질게 수행하고 중생을 편안하게 하는 것, 이것을 최고의 길상이라고 한답니다.

一切爲天下(일체위천하), 建立大慈意(건립대자의), 修仁安衆生(수인안중생), 是爲最吉祥(시위최길상).

길상품 39-16 계율을 갖추고 맑고 깨끗한 사람

길하면서도 상서로운 복덕을 얻고자 한다면 마땅히 부처님을 믿고 공경하여야 합니다. 길하면서도 상서로운 복덕을 얻고자 한다면 마땅히 부처님의 말씀을 전하는 법구의 올바른 글귀를 새겨들어야 하며, 길하면서도 상서로운 복덕을 얻고자 한다면 마땅히 여러 스님들께 공양하여야 합니다. 계율을 갖추어 맑고 깨끗한 사람, 이 사람을 최고의 길상이라고 한답니다.

欲求吉祥福(욕구길상복), 當信敬於佛(당신경어불), 欲求吉祥福(욕구길상복), 當聞法句義(당문법구의), 欲求吉祥福(욕구길상복), 當供養衆僧(당공양중승). 戒具淸淨者(계구청정자), 是爲最吉祥(시위최길상).

길상품 39-17 스스로 지혜를 이루고 깨달음에 이르니

지혜로운 사람은 세상을 살면서 늘 길하고 상서로운 행동을 익혀 스스로 지혜를 이루고 깨달음에 이르니, 이것을 최고의 길상이라고 한답니다.

智者居世間(지자거세간), 常習吉祥行(상습길상행), 自致成慧見(자치성

혜견), 是爲最吉祥(시위최길상).

길상품 39-18 부처님의 발에 예를 갖추고 수행자의 무리가 되다

범지는 부처님의 가르침을 듣고서는 마음속으로 큰 기쁨을 느끼고, 즉시 앞으로 나아가 부처님의 발에 예를 갖추고 불법에 귀의하여 수행자의 한 무리가 되었답니다.

梵志聞佛教(범지문불교), 心中大歡喜(심중대환희), 卽前禮佛足(즉전례불족), 歸命佛法衆(귀명불법중).

한자어원풀이

見性成佛(견성성불)이란 자신의 본래 타고난 성품(天性)을 깨달아 부처님의 바른 도(佛道)를 이룬다는 의미를 함축적으로 표현한 불교의 대표적인 사자성어랍니다. 살다 보면 문득 '나는 누구인가'라는 의문을 한두 번쯤은 가졌을 겁니다. 도대체 나는 어디서 와서 어디로 가는 걸까? 이러한 의문들을 풀어가는 것이 자성(自性)을 살펴 깨치는 수행의 한 방편입니다. 나의 진면목(眞面目)을 알아내는 것이 견성(見性)이라 할 수 있답니다.

볼 見(견)은 눈 목(目)과 사람의 발 모양을 본뜬 사람 인(儿)으로 이루어졌습니다. 目(목)은 사람 눈의 모양을 나타낸 한자입니다. 처음에는 실제 눈의 모양과 같이 가로로 길게(㓁) 썼는데, 후대로 내려오면서 현재와 같은 세로로 긴 자형(目)으로 변형되었답니다. 인체 중에서도 유독 눈을 강조한 회의글자죠. 다른 동물의 시각이 아니라 오직 사람(儿)의 입장에 서서 눈을 크게 뜨고 본다(目)는 데서 '보다'는 뜻을 지니게 되었습니다. 여기에 불교적인 색채가 가미되면서 '깨닫다', '알다'라는 의미로 확장되었답니다.

성품 性(성)은 마음 심(忄)과 날 생(生)으로 구성되었습니다. 사전적 의미로는 ① 사람이나 사물(事物) 따위의 본바탕, ② 만유(萬有)의 본체, ③ 남성과 여성 또는 암컷과 수컷의 구별(區別)을 뜻합니다. 그러나 동양철학에서 性(성) 자는 변화무쌍하게 나타나는 우리 마음(忄)이 자라나는(生) 본체를 의미합니다. 따라서 하늘이 부여한 생명의 본체를 말하는데, 이 한자는 누구나 같은 근원에서 출발한 본래부터 밝은 빛의 존재(明德)였다는 의미도 함축하고 있습니다.

이룰 成(성)의 글자형성은 십간(十干: 甲, 乙, 丙, 丁, 戊, 己, 庚, 辛, 壬, 癸)과 관련 있습니다. 십간은 곡식의 씨앗이 자라나 열매를 맺고 수확되어 창고에 갈무리되었다가 다시 파종되는 일련의 순서를 나타냅니다. 즉 씨앗이 파종되면 가장 먼저 뿌리가 내리게 되는데, 甲(갑)의 자형하부가 곧 뿌리를 뜻하죠. 乙(을)은 싹이 터 어느 정도 자라난 모양을, 丙(병)은 자라나 저마다의 형태를 갖춘 것을, 丁(정)은 장성하게 자라난 모양을, 戊(무)는 지나치게 웃자라지 못하도록 전지가위를 이용해 잘라주어야 할 정도로 성장한 모양을 뜻한답니다. 그래서 장성하게 자라나(丁) 전지(戊)해 줄 정도가 되면 식물의 성장이 다 '이루어진' 것으로 보는 것이랍니다.

부처 佛(불)은 서 있는 사람의 옆모습을 상형한 사람 인(亻)과 아닐 불(弗)로 이루어졌습니다. 弗(불)에 대해서는 일반적으로 굽은 나무(세로의 두 획)를 한 가닥의 끈(弓)을 이용하여 '바르게 편다'는 데서 '바로잡다'가 본뜻이라고 봅니다. 그러나 다른 한편으로는 활 弓(궁)의 자형적 의미를 무시할 수 없답니다. 따라서 활대(弓)를 만들기 위해 두 줄로 묶어둔(丿+丨, 세로의 두 획) 나무는 아직은 활로 쓸 수 없다는 데서 '아니다'는 뜻이 발생한 깃으로 볼 수도 있습니다. 따라서 佛(불)의 전체적인 의미는 산스크리트어의 붓다(Buddha: 깨달은 자)의 한자 음역인 불타(佛陀)를 뜻하면서도, 세상의 잘못됨을 바로잡는(弗) 사람(亻) 혹은 보통 사람이 아닌(弗) 깨달음을 이룬 사람(亻)을 뜻합니다.

拈華示衆(염화시중)이란 한 송이 꽃을 들어 대중에게 보인다는 뜻으로, 말이나 글이 아니라 마음과 마음으로써 전한다(以心傳心이심전심)는 뜻이 담겨 있습니다. 이는 『대범천왕문불결의경(大梵天王問佛決疑經)』에서 유래한 것으로, 석가모니가 연꽃 한 송이를 들어 제자들에게 보여주었으나 아무도 그 의도를 알아채지 못하고 있을 때, 오직 제자 가섭만이 홀로 미소를 지었으므로 그에게 진리를 전해 주었다는 이야기를 나타낸 것으로 염화미소(拈華微笑), 심심상인(心心相印)이라고도 한답니다. 옛 성현들은 대우주의 진리를 깨달을지언정 말이나 글로는 표현하기 어렵다고 했습니다. 말이나 글로 표현하면 그 자체는 이미 도(道)가 아니라고도 했죠. 그래서 언어보다는 상징으로써 의미를 압축하기도 했지만 이심전심(以心傳心)을 최우선으로 하였답니다.

집을 拈(염, 념)은 다섯 손가락의 모양을 그대로 본떠 만든 상형글자로 手(수)의 간략형인 수(扌)와 차지할 점(占)으로 이루어졌습니다. 占(점)은 거북의 배딱지나 소의 견갑골을 구워 생긴 갈라진 금(卜)을 보고서 미래의 일을 말(口)해 준다는 데서 '점치다'의 뜻이 발생했으며, 또한 특정한 땅의 영역(口)을 차지하기 위해 깃발(卜)을 꽂는다는 데서 '차지하다', '점령하다'의 뜻도 지니고 있답니다. 따라서 拈(염)의 전체적인 의미는 점(占)을 친 내용이 기록된 뼈를 손(扌)으로 집는다는 데서 '집다', '집어 들다'는 뜻을 지니게 되었습니다.

빛날 華(화)는 풀 초(艹)와 잎이 늘어진 가운데 화려하게 꽃봉오리가 진 모양을 상형한 글자로 '꽃'을 뜻하였습니다. 그런데 주나라 때부터 쓰였던 꽃봉오리를 본떠 만든 이 '꽃 華(화)'를 붓으로 쓰기가 쉽지 않자 초서(草書)가 유행한 한나라 말 무렵부터 간편하게 쓰기 위해 꽃 화(花)를 별도로 만들었고, 華(화)는 '화려하다', '빛나다', '번성하다'는 뜻으로 쓰이게 되었답니다.

보일 示(시)는 제사를 지내기 위한 제단(祭壇)의 모양을 본뜬 상형 글자인데, 자형상부의 一(일)은 조상신이나 천신에게 올린 제물을, 가운데 자형(丅)은 제단을 그리고 좌우로 삐친 자형(八)은 제물에서 흘러나온 피를 의미하는 것으로 봅니다. 示(시)에 대해 허신은 『설문(說文)』에서 "示는 하늘이 상(象)을 드리워 사람들에게 길흉(吉凶)을 보여주는 것"이라고 하였답니다. 그러면서 자형상부의 두 획(二)은 윗 상(上)의 옛 글자로 보았으며, 자형하부의 세 획(小)에 대해서는 해(日)와 달(月) 그리고 별(星)을 상징한다고 철학적 의미를 제시하였습니다. 그래서 신성한 신에게 정성을 드러내 '보이다'라는 의미로 쓰였으나 후대로 내려오며 그 뜻이 확장되어 '보일 시' 외에도 '땅 귀신 기'와 '둘 치'로 그 의미가 확징되었답니다. 따라서 이 示(시) 자가 들어가는 글자는 제사나 귀신 혹은 신령한 의미를 담고 있답니다.

무리 衆(중) 은 초기글자인 갑골문에서는 태양(日) 아래서 일하고 있는 사람들(亻亻亻)을 나타내 '많다' 또는 사람의 '무리'를 뜻하였는데, 후대로 오면서 해(日)가 피 혈(血)로 바뀌고 세 명의 사람도 형체를 잃어버렸습니다. 인문학적인 해석을 더해 봅니다. 『설문(說文)』에서는 "血은 제사를 지낼 때 올리는 희생의 피를 말한다. 皿(명)으로 구성되었고, 一(일)은 그릇에 담긴 피를 본뜬 것이다"라고 하였는데, 고대에는 제사를 지낼 때 희생당하는 동물의 피를 그릇에 가득 담아 바쳤답니다. 특히 촌각을 다투는 전쟁을 하기 전에 승리를 기원하며 모혈반(毛血盤) 제사를 지냈는데, 즉 살아 있는 동물에서 자른 꼬리털(毛)과 피(血)를 쟁반(盤)에 담아 간략히 지냈습니다. 즉 전쟁에 앞서 촌각을 다투며 간단히 모혈반(血) 제사를 올리려 운집한 장병들(亻亻亻)의 모습을 담아 '무리'라는 뜻을 부여했을 것으로 추측됩니다.

諸行無常(제행무상) 이란 모든 행위나 존재는 영원하지 않다는 뜻으로, 우주의 모든 삼라만상은 한시도 고정됨이 없이 늘 변화하고 변화하여 영원할 수 없다는 것이죠. 불교의 핵심논리인 삼법인(三法印: 제행무상諸行無常, 제법무아諸法無我, 열반적정涅槃寂靜) 가운데 하나랍니다. 인생의 덧없음을 비유하는 말이기도 합니다. 그래서 『금강경(金剛經)』에서는 "모든 사람이 행하는 유위법(有爲法)은 꿈이나 허깨비 같고 물거품이나 그림자 같고, 이슬이나 번개 같기 때문에 마땅히 이와 같이 관찰해야 한다(一切有爲法일체유위법, 如夢幻泡影여몽환포영, 如露亦如電여로역여전, 應作如是觀응작여시관)"고 말하고 있답니다.

　모두 諸(제)는 입(口)에 나팔 모양의 악기(辛)를 대고서 소리를 낸다는 뜻을 담은 말씀 언(言)과 놈 자(者)로 이루어졌습니다. 者(자)는 본래는 솥에 음식물을 넣고 삶는 모양을 상형한 글자랍니다. 그런데 현재 자전에서 者(자)를 찾으려면 耂(로) 부수에서 찾아야 되는 '회의글자'로 분류되어 있죠. 그래서 그 해석 또한 대부분 나이 많은 노인(耂)이 나이 어린 사람에게 말할 때(白) '이놈 저놈' 한다는 데서 '놈'이란 의미가 부여되었죠. 그러나 갑골문과 금문에 나타난 자형을 살펴보면, 자형하부의 '白'은 솥단지가 변화된 것이며 상부의 '耂'는 나물이나 고깃덩어리가 부글부글 끓으면서 솟아오르는 김의 모양을 나타낸 것으로 '삶다'가 본뜻이었답니다. 그런데 솥에 삶은 국을 '이놈 저놈'이 나누어 먹는다는 뜻을 담아 평범한 사람을 의미하는 '놈 者(자)'로 쓰이자, 본래의 뜻을 보다 명확히 하고자 불 화(灬)를 더해 '삶을 煮(자)'를 별도로 제작하였죠. 따라서 諸(제)의 전체적인 의미는 이놈 저놈(者)이 말(言)한다는 데서 '모두', '모든'을 뜻하게 되었답니다.

다닐 行(행, 항렬 항) 은 갑골문에도 보이는 아주 오래된 자형으로 사람과 우마차가 '다니는' 네거리를 본뜬 상형글자랍니다. 그래서 行(행) 자가 들어간 글자는 대부분 거리에서의 행위를 의미하는 데 쓰이지만 '항렬(行列)'이나 같은 '또래'를 나타내는 글자로도 그 의미가 확장되었답니다. 여기서는 사물의 형태나 존재를 의미하고 있습니다.

없을 無(무) 는 자형상부의 모양과 불 화(灬)로 이루어져 있다 하여 회의글자로 분류하고 있지만, 갑골문이나 금문을 보면 사람(亻)이 양손에 대나무 가지 등으로 만든 도구(丰)를 들고서 춤추는 무녀(巫女)의 모습을 그려낸 상형적 글자임을 알 수 있답니다. 자형하부의 '灬'는 불의 의미로 쓰인 게 아니라 사람의 발과 양손에 든 장신구를 나타내려 한 것이죠. 요즘도 그렇지만 신이 내려 춤을 추는 무녀의 모습은 자신의 의지와는 상관없이 몰아(沒我)의 경지에서 춤을 춥니다. 그래서 일시적으로 자아가 없이 춤추는 무녀의 모습을 보고서 '없다'라는 뜻이 발생했답니다. 無(무)는 본디 '춤추다'는 뜻으로 쓰였으나 '없다' 혹은 '아니다'라는 뜻으로 쓰이자, 두 발의 모양을 본뜬 어그러질 舛(천)을 더해 '춤출 舞(무)'를 별도로 제작하였답니다.

항상 常(상) 은 높일 상(尙)과 수건 건(巾)으로 이루어져 있습니다. 尙(상)은 집(向) 중에서도 신전과 같은 특별한 건물은 일반 가옥과는 달리 지붕 위에 깃발(八)과 같은 표식을 하여 모든 사람이 신성하게 '받들어 모신다'는 뜻이 담겨 있답니다. 巾(건)은 허리에 차고 있는 수건을 본떴죠. 따라서 常(상)의 전체적인 의미는 요즘도 그렇지만 옛날에 고상한 사람(尙)은 늘 허리춤에 수건(巾)을 차고 다닌다는 데서 '항상'이란 뜻이 부여되었습니다. 본뜻은 '치마'였으나 '늘', '항상'이라는 의미로 쓰이자 '치마 裳(상)'을 별도로 제작하였답니다.

會者定離(회자정리)란 만나면 언젠가는 헤어지게 되는 것은 정해진 이치라는 뜻으로, 인생이란 무상하여 사람의 힘으로는 어찌할 수 없는 이별의 아쉬움을 일컫는 말입니다. 영혼불멸(靈魂不滅)을 고려하면 영원한 이별은 없는가 봅니다. 잠시 떨어져 있을 뿐, 또다시 만나게 되어 있는 게 우주의 법칙이라는 것이죠. "제행무상(諸行無常), 생자필멸(生者必滅)"이라 했습니다. 삼라만상은 무상하고 생명이 있는 것은 반드시 멸할 수밖에 없다는 우주의 법칙입니다. 그래서 만남이 있으면 헤어짐도 있게 마련이죠.

모일 會(회)는 뚜껑 덮인 그릇 속에 고깃덩이와 같은 음식이 담긴 모양을 상형한 것이었는데 후대로 오면서 '曰' 부수에 포함된 회의글자로 분류하고 있답니다. 즉 자형상부를 이루는 '모으다'는 뜻을 지닌 삼합 집(亼)은 뚜껑이며, 자형 가운데의 네모 안에 담긴 것은 음식물 그리고 자형하부의 '曰'은 그릇의 몸체를 나타낸 것이죠. 즉 뚜껑과 그릇의 몸체가 '합하다'가 본래의 뜻인데, 그릇에 담긴 음식물을 먹기 위해 많은 사람들이 모인다는 데서 '모이다',

'모으다'는 뜻이 파생한 것이랍니다.

놈 者(자)는 제행무상의 諸(제) 자의 설명을 참조하기 바랍니다.

정할 定(정)은 지붕과 벽면의 모양을 상형한 집 면(宀)과 필 필(疋: 발 소)로 구성되었습니다. 여기서 집(宀)은 사당을 뜻하며, 필(疋)은 바를 정(正)의 옛 글자로 똑바르게 한길(一)로 간다(止=之)는 의미가 담겨 있답니다. 따라서 신을 모시는 사당(宀)의 물건들을 곳곳마다 똑바르게(疋=正) 그 위치를 지정한다는 데서 '정하다', '정해지다'는 뜻을 지니게 되었답니다.

떠날 離(리, 이)는 산에 사는 신령한 짐승을 뜻하기도 하는 떠날 이(离)와 새 추(隹)로 이루어져 있습니다. 여기서 离(이) 자는 '사로잡다'와 '날짐승'을 뜻하는 금(禽)과 관련이 깊은데, '날짐승 禽(금)'은 자형상부를 이루는 부수(人+文+凵)와 발자국 유(内)로 구성되어 있습니다. 갑골문이나 금문을 보면 긴 자루나무 끝에 그물을 맨 그림이었으며, 한나라의 소전으로 오면서 현재의 자형과 비슷한 유형을 지니게 되었답니다. 그래서 대부분 자형상부를 수(今)으로 보면서 소리요소로 파악하는데, 필자의 생각은 좀 다르답니다. 문자라는 것은 학문의 발달과 함께 다양한 의미가 추가된다는 점을 간과해서는 안 된다고 봅니다. 글자 역시 사유 체계의 발달과 함께 사물의 모양을 본뜬 상형(象形)의 회화적인 단순함에서 벗어나 보다 세부적인 요소가 가미된 지식을 담게 되기 때문이죠. 禽(금) 자에는 이러한 글자의 발달 과정이 잘 담겨 있습니다. 자형상부를 이루는 부수들을 보면, '人'은 새장의 지붕을, 무늬를 뜻하는 '文'은 아름다운 무늬를 띤 새를, 'ㄩ'은 새장을 뜻합니다. 여기에 짐승 발자국을 뜻하는 內(유)를 더해 사람이 아닌 짐승임을 강조했죠. 따라서 禽(금)의 전체적인 의미는 지붕(人)을 씌워 새(文)가 도망가지 못하도록 새장(ㄩ)에 가두어(內) 두었다는 것이니, 금(禽)은 곧 날짐승을 대표하는 글자가 되었답니다. 떠날 離(리)를 살펴보면 이러한 뜻이 보다 명확해집니다. 날짐승을 뜻하는 禽(금) 자의 상부를 이루는 지붕(人)이 없어지게 되면 새(隹)는 새장을 벗어나 멀리 날아가 버린다는 데서 '떠나다', '헤어지다'는 뜻을 지니게 되었답니다.

一切唯心造(일체유심조)란 모든 것은 오로지 마음이 지어내는 것임을 뜻한답니다. 『화엄경(華嚴經)』의 중심 사상으로, 일체의 모든 것은 그것을 인식하는 마음의 나타남이고, 존재의 본체는 오직 마음이 지어내는 것일 뿐이라는 것이죠. 곧 모든 것은 마음먹기에 달려 있기에 천당과 지옥도 마음이 지어낸 것이라고 보기도 합니다.

한 一(일)은 대표적인 지사글자입니다. 一(일)에 대해 허신은 『설문(說文)』에서 "一은 유추해 보면 처음의 태극(太極)이며, 도(道)는 一을 바탕으로 하늘과 땅을 나누어 만들고 만물을 화육시켜 이루어 내었다"고 밝히고 있습니다. 즉 一을 만물의 근원인 태극으로 보았죠. 따라서 글자의 제작에 있어서도 지사글자인 一은 모든 자형의 근본이 되고 있답니다. 그 뜻은 '첫째' 또는 '처음'을 의미하면 서도 만물의 근본이기에 '전체'라는 뜻도 지니게 되었습니다.

온통 切(체, 끊을 절)는 일곱 칠(七)과 칼 도(刀)로 이루어져 있습니다. 七(칠)은 갑골문과 금문에서 '十' 모양으로 되어 있는데, 가로 선은 잘리는 물건을, 세로 선은 자르는 칼을 뜻한 것으로 보았답니다. 열 十(십)과 유사해 소전에서는 세로획을 변형시켰죠. 그러나 숫자 칠(7)을 나타내는 것으로 쓰이자, 본뜻을 보존하기 위해 칼 도(刀)를 더해 '끊을 절(切)'을 제작하였고, 모든 것을 자를 수 있다는 데서 '온통'이라는 의미의 '온통 체(切)'로도 쓰이고 있답니다.

오직 唯(유)는 입 구(口)와 새 추(隹)로 이루어져 있습니다. 口(구)는 사람의 입을 상형한 것으로 인체 기관에 국한되지 않고 다양한 쓰임으로 확장되었답니다. 먹고 말하는 것은 물론 사람이 들고나는 문이나 한 개체를 말하는 단위 등 가장 활발하게 이용되는 기본부수 중 하나이죠. 隹(추)에 대해 허신은 『설문(說文)』에서 "隹는 꽁지가 짧은 새들을 아우른 명칭이며, 상형글자이다"라고 하였답니다. 꼬리가 긴 새는 鳥(조)라 하며, 비교적 짧은 꽁지를 가진 참새나 도요새 등을 지칭하는 글자를 나타낼 때는 隹(추)에 다른 부수를 더해 참새 雀(작)이나 도요새 雒(금)처럼 활용된답니다. 따라서 唯(유)의 전체적인 의미는 새(隹)가 짧게 짹짹 지저귀듯(口) '짧게 대답하다'는 것이 본뜻이며, 또한 새의 지저귐을 사람의 입장에서 들을 때는 '오직' 같은 소리로만 들리기에 '오직'이라는 뜻도 지니게 되었습니다.

마음 心(심) 은 사람의 심장을 상형한 것입니다. 허신은 心(심)에 대해 『설문(說文)』에서 "心은 사람의 심장을 뜻한다. 土(토)의 장부이다. 몸의 가운데 있으며 상형글자이다. 박사(博士)의 주장에 의하면 火(화)의 장부로 간주한다"고 하였답니다. 갑골문과 금문에도 보이는 자형으로 사람의 심장을 본뜬 것이죠. 일반적으로 음양오행설에서 심장은 화(火)의 장부로 배당하며 '마음'이 담겨 있는 것으로 보았답니다.

지을 造(조) 는 쉬엄쉬엄 갈 착(辶)과 알릴 고(告)로 이루어져 있습니다. 辶(착)의 본래 자형은 辵(착)으로 가다(彳) 서다(止)를 반복하며 쉬엄쉬엄 가다는 뜻을 지녔답니다. 辵(착)이 자형 그대로 쓰이는 경우는 드물고 다른 글자와 합하여 새로운 글자로 불어날 때는 辶(착)으로 간략화되어 쓰입니다. 告(고)에 대해 허신은 『설문(說文)』에서 "告는 소가 뿔로 사람을 받을까 염려되어 양 뿔에 가로로 나무를 분명하게 걸어서 사람에게 알려 준다"라고 하였답니다. 그러나 자형이 소(牛)와 사람의 입(口)으로 구성된 것으로 볼 때, 신에게 올리는 제사와 관련 있다고 볼 수 있습니다. 즉 제단에 제물로 소(牛)를 바친 뒤 제사를 주관하는 사람이 신에게 아뢴다(口)는 뜻을 담은 것이죠. 따라서 造(조)의 전체적인 의미는 무언가 큰일을 하기에 앞서 사람들은 신 혹은 창조주를 모신 제단에 소(牛)를 제물로 올리고 경건한 마음으로 그 앞에 나아가(辶) 소원을 비는(口) 행위를 담아 '짓다', '만들다'는 뜻을 지니게 되었습니다. 이러한 유풍은 오늘날까지도 행해지고 있는데, 소 대신 돼지머리를 올리는 게 다를 뿐이랍니다.

일상과 이상을 이어주는 책 ───────

일상이상

인생에 한 번은 읽어야 할
법구경 法句經

© 2025, 최상용

초판 1쇄 찍은날 · 2025년 3월 4일
초판 1쇄 펴낸날 · 2025년 3월 10일
펴낸이 · 김종필 | 펴낸곳 · 일상과 이상 | 출판등록 · 제300-2009-112호
주소 · 경기도 화성시 봉담읍 와우로34번길 63, 104-905
전화 · 070-7787-7931 | 팩스 · 031-225-7931
디자인 · 풀무 031-232-4221
이메일 · fkafka98@gmail.com
ISBN 979-11-94227-04-5 (03220)